月入23K也能環遊世界

目錄
CONTENTS

CHAPTER 1

沒有實現不了的
夢想

| 勇敢轉身，遇見更好的人生 |
| 沒有被夢想拋棄的人，只有被人拋棄的夢想 |
| 我們無法選擇出生，但努力一定可以逆轉一生 |

「二十年後讓你後悔的，不是那些你曾做過的事，而是那些你沒
勇氣做的事。所以何不鬆開束縛，揚帆遠離安全的港口，迎著
風，去探索、去夢想、去發現世界？」

——馬克吐溫

　　2017 年底在長期工作高壓下，身心靈處於一個緊繃極限的狀態，坐在醫院，忐忑不安地等待例行健康檢查追蹤報告時，眼睛隨著來往的病人、老人游移，我的視線突然變得模糊，腦中浮現外婆的身影。

　　見親愛的外婆最後一面，是已經躺在靈柩裡那個小小的身軀，我哭得好傷心，真心好後悔沒有趁她在世時多陪陪她。

　　突然想起小時候，父親拋家棄子，讓我們母女四人淪為貧困單親家庭。母親為了養活三個小女孩，只好把三姊妹託付給九份的外婆照顧，自己一個人前往台北工作討生活。從小跟著外婆相依為命，雖然成長過程很貧窮，物質條件非常缺乏，日子也過得很清苦，但是媽媽及外婆還是盡力給我們最好的教育及照顧，把我們三姐妹撫養長大！

　　外婆晚年失智，誰都不記得了，但看到我時還是會叫我的小名「安弟」。外婆的離世，真真切切地讓我感受到生命的短暫和無常。當我一個人在醫院等待檢查報告時，我抬頭望著窗外的藍天，問了自己一個問題：

　　「我還有什麼現在不做，會後悔一輩子的事？」

　　下一刻，我的心回答了這個問題：

　　「環遊世界！」

　　當心中吶喊出這個夢想，離開醫院之後，我立刻規劃行程，訂機票、住宿及各種門票，一切就緒後，我放膽飛到了冰島，看到奇妙壯麗的極光，再飛到愛爾蘭、荷蘭、英國、埃及、葡萄牙、希臘、阿爾巴尼亞等 15 個國家，任性地狠狠玩了半年。

　　那段時間去了很多地方，遇見很多人，看了許多想看的景點，吃了好多美食，發現這世界真的好大好美，疲憊的心靈充了滿滿的電，也突然明白，**人生的長度是上帝決定的，但人生的寬度，我們可以自己把握。**每個人終將一死，人生是一段旅程，在有限的旅程中看到的風景越多，或許這一輩子就過得越值得。

　　當你旅行之後，你終於能放下平時許多不必要的完美追求，更認識自己，更清楚自己真正想要的未來，更懂得照顧自己的生活，更知道生活的不完美有多麼真實。這是你想為自己活的人生。

　　原來，有時我們離開了一個人、一個地方、一個工作，可能都是另一種幸福。

　　如果沒有離開再回來，我不會有機會開始喜愛的新事業；**只有勇敢轉身，去世界到處走走，才有機會遇見更好的人生。**

　　你不知道原來旅行已經默默地改變你許多。你不只是出走，你已經在旅行途中慢慢成為自己心中更想要成為的人。

　　所以如果你心中一直懷抱著夢想，不管是環遊世界或者是其他，不要覺得自己一輩子都不可能完成這些夢想。如果我可以從一個貧窮的單親小女孩逆轉自己的命運，從高職女生變成財經博士，甚至在 40 歲不到就達成環遊世界的夢想，相信你也一定有機會達成你的夢想！

 我的環遊世界地圖

洲別／區域	國家
亞洲	日本、韓國、香港、澳門、越南、泰國、新加坡、馬來西亞、菲律賓、印尼、中國
歐洲	英國、愛爾蘭、北愛爾蘭、法國、荷蘭、比利時、盧森堡、義大利、梵蒂岡、西班牙、葡萄牙、德國、瑞士、奧地利、克羅埃西亞、斯洛維尼亞、賽爾維亞、波士尼亞、黑山共和國、羅馬尼亞、保加利亞、希臘、阿爾巴尼亞、丹麥、挪威、瑞典、冰島、芬蘭、俄羅斯、愛沙尼亞、拉脫維亞、土耳其、科索沃、北馬其頓共和國、波蘭、捷克、斯洛伐克、馬爾他
美洲	美國、加拿大
非洲	埃及
中東	杜拜、約旦、以色列、巴勒斯坦自治區
大洋洲	帛琉、紐西蘭、澳洲

就算沒有富爸爸，也可以輕鬆滾出千萬身價

前陣子我認識一個網路直播主，她在網路上直播賣零食，成功創造出年營業額上億的好業績，我是在朋友的介紹下前往她的公司拜訪，洽談未來可能合作的機會，結果第一次見面就相談甚歡。知道我在新年期間將前往以色列、約旦、巴勒斯坦旅行，她笑說我很好命，因為她請了很多媽媽來幫忙包裝事務，有些媽媽們一輩子都沒出過國，不像我是人生勝利組，看起來從小就是父母的掌上明珠，受過非常好的教育及栽培。

她剛認識我，並不知道我的背景，其實我從 13 歲就開始打工，做過各種各樣的工作，於是我跟她分享了我的小故事。為了賺取學費，減輕媽媽沉重的負擔，每年寒暑假我都會跟著兩個姐姐去打工，15 歲那年除夕，我跟著姐姐們在圓環擺攤幫忙賣春聯，晚上收攤後回家的路上，家家戶戶都在放鞭炮，一路上飽受炮竹亂竄的驚嚇，回家之路非常漫長，內心有點不平衡，為什麼我不能跟一般小女孩一樣擁有一個全家團圓的幸福除夕夜呢？

因為那個黑色除夕夜，我開始思考有什麼方式可以過不一樣的人生？就在那年我決定，只有靠自己好好念書，長大才有機會擺脫貧窮的生活。

之後的日子我的人生幾乎是在圖書館長大的，從小到大

陪伴我最多時間的就是書本。我相信唯有擁有專業知識才能讓我過不一樣的人生，將來才有機會選擇自己想過的生活。我從一個高職女生一路努力考上大學，又設法存錢到英國攻讀碩士學位，最後又花了六、七年在香港和上海苦讀多年，好不容易拿到博士學位。我的求學之路其實非常辛苦，也犧牲了許多玩樂休閒的時間，但我很慶幸這一路始終沒放棄，流淚咬牙撐過來了。

2019 年 2 月前往以色列、約旦、巴勒斯坦旅行之後，我去過的國家已經快 60 國了，很快地我的環遊世界地圖就要往 70 國前進了！小時候覺得如果這輩子可以去的國家有 20 ～ 30 個就已經很棒了，沒想到居然有機會往 70 ～ 80 國邁進！更沒想到，一個 10 歲時連鋼琴都沒辦法學的小女孩，居然不到 40 歲就完成環遊世界的夢想！

這一切的一切都是因為我始終相信，**每個人雖然不能選擇自己的出身，但只要努力一定可以逆轉命運**，擁有美好的人生！如果沒有富爸爸，那就好好靠自己，變成自己的富爸爸；如果沒有金湯匙，那就努力生出自己的金湯匙！

有很多朋友曾經跟我說，沒看到我的書之前，都以為我從小生長在富裕的家庭，有富爸爸栽培，受很好的教育；我常笑說我從小就自我培養，這句玩笑話其實有一半是真的。

就讀大學期間，學校規定我們每個人每一學期都要選修體育課，但可以選擇自己喜歡的運動。因為從小家境不好，

我連想學鋼琴都無法如我所期盼，唯一的辦法就是自己栽培我自己，所以當我認真念書考上大學，希望將來可以出國念書，以得到較好的發展時，不同於當時同班同學們選擇桌球、籃球一般的球類運動，我選修了網球和高爾夫球，因為我幻想著也許將來有一天我會成為貴婦或中高階經理人，學會這些運動，將來在社交場合中就可以派得上用場。

所以我常開玩笑地跟朋友們說，我從小為了將來能擠進上流社會，非常用心地自我栽培。雖然真的是開玩笑，但在我心中總是相信，雖然沒有良好的家庭背景，沒有財力雄厚的父母，但你可以設法自我栽培。**就算沒有富爸爸，你也可以是自己的富爸爸！** 好好學會投資理財，有一天一定可以靠自己豐富的理財知識變身千萬富家女或富家子！

學會理財，改變未來命運

前幾年我在公司成立一個「小資理財社」，教小資女們學習投資理財。一開始做這件事的動機，源自於我發現公司裡很多女孩都是從中南部來台北工作，一個人在台北租屋；有些因為家境問題，念書時還申請助學貸款，除了繳房租還要還貸款，在台北生活得很辛苦，我看了覺得非常不忍心！

　　看著她們，彷彿看到小時候家境貧窮的自己，我想，是不是能夠將一些打工的經驗，以及因緣際會跟許多老闆們學來的投資理財觀念，毫無保留地傳授給她們。五年多來，我每個月定時跟她們分享研究多年的理財觀念，剛開始她們對理財幾乎是零知識，慢慢地培養出自己的理財知識，並熟悉各種投資理財工具，也有了自己的投資計畫，甚至有人慢慢開始獲利，每年可以不靠老闆就幫自己加薪 20 ～ 30％，等於一年多賺兩個月的薪水！

　　看到她們從理財門外漢變身為理財小資女，我實在很有成就感！更重要的是，我始終相信每個人都要學會投資理財的知識，那是一個很重要的生存技能，當這個世界變化快速的時候，也許有一天我們所做的工作會被 AI 人工智慧取代，但只要學會投資理財，就可以擁有固定的自動收入，不用擔心將來有一天會沒有收入、三餐不繼。

　　我們每個人一生辛苦工作賺錢，都是為了過更好的生活，但在物價飆漲、只有薪水不漲的低薪年代，小資上班族幾乎成了「窮忙一族」。不僅感嘆錢難賺，在扣除基本開銷後，每月能存的錢有限，累積財富也成為空想。許多小資女們離開家鄉到台北求職，大學時期一邊打工一邊賺錢，畢業後在台北工作，一方面要償還助學貸款，另一方面又要負擔每月的房租及生活開銷，有的甚至還要給父母生活費，日子過得非常辛苦。而這也是多年來我一直持續分享理財概念的

目的，**幫助更多小資女或單親媽媽脫離貧窮，有機會改善經濟，創造更多的收入，擁有更美好的人生及未來！**

我知道很多上班族或小資族心中最大的願望，就是「**早點存到人生的第一桶金——100 萬元**」！但又不知道如何快速投資致富。想要學會投資理財，其實只要趁年輕的時候先培養正確的理財習慣及觀念，就有機會滾出千萬身價，並在 35 歲前實現環遊世界的夢想！

沒有人可以預言你的人生，只有你可以定義你的人生

念高中的時候同學說我考不上大學，

我回家在日記寫下一年後我一定要考上大學，

給那個瞧不起我的同學跌破眼鏡。

那一年我每天苦讀超過 13 小時，

一年後我是全班第一名考上大學的，

而那個說我一定考不上大學的同學，

最後自己大學落榜了。

之後我考上了上海的博士，

一邊工作一邊攻讀博士學位，

有段時間人生非常低潮時，

常去廟裡拜拜，

師父說我聰明又善良，

邀請我在廟裡當義工，跟師父一起修行。

有三年時間我的假日都在廟裡當師姐服務信徒。

一邊當師姐一邊唸博士、趕論文，

博士修業期限最後一年，

我的論文寫不完，

只好跟師父拜託讓我請假趕論文，

師父回我不准請假，

然後當面說我一定寫不出來，畢不了業，

因為比我聰明有智慧的人很多。

當下我內心覺得很不服氣，

博士論文完成與否，取決於我的努力及決心，

也許這世界上比我聰明的人很多，

但只要我努力，一定可以完成論文拿到博士學位。

後來我真的非常拚命努力，

連生病發燒都不敢休息，邊哭邊寫，

好不容易順利拿到博士學位，

當時我們班二十位同學只有七個人拿到博士學位。

分享自己的兩段人生小故事，是想藉此傳達：

雖然我們無法選擇自己的出身，但只要努力，一定可以逆轉人生。

把那些瞧不起你、打擊你的人，都當作人生另一種貴人，因為他們那些冷潮熱諷的言語，都是你想努力改變的肥沃養分，讓你變得更勇敢、更茁壯。

要記得，沒有人可以預言你的未來，只有你可以定義你的人生，創造自己的美好未來。

勇敢是一種選擇，世界或許很殘酷，但你一定會更勇敢

今年過生日，許多好姐妹輪流幫我慶生，給我許多驚喜

及感動，心是滿滿的，情緒很多，淚腺也特別發達，哭點變得很低。七月開始了健身房的課程，下定決心要好好訓練自己的肌耐力，為了之後可以一直去旅行而努力及準備。

從健身房回家的路上看了一篇文章，是一個師大畢業生的講稿收錄，講者努力求學的過程跟我好像，看到她的成長過程，好像看到自己一路的心路歷程，觸動藏在內心深處的開關，邊看邊掉眼淚。

也許是想到自己小時候所有辛苦的過程，又或許是那些跌到人生谷底的悲傷過往，所有點點滴滴湧上心頭，一路哭個不停。

其實誰的人生不是跌跌撞撞，經歷許多高低起伏？重要的是一路選擇勇敢不放棄。選擇堅強久了，真的充滿許多勇氣及正能量。

我想今晚我的眼淚就送給小時候那個辛苦的自己，也給小時候的自己拍拍手和一個大擁抱。我相信勇敢是一種選擇，也深信今後會一直堅強勇敢下去，穿越人生所有的課題。

最後很喜歡文章中這句話：

世界或許不會變得更美好，

但你一定會變得更勇敢。

沒有經歷苦的人生，無法嚐到甜的人生

前陣子收到某媒體採訪我的文章，一打開文章仔細瀏覽，看了描述我從小努力過程及奶奶過世那幾段，眼眶又泛淚。

雖然已經過了很久，但是有些傷痛及遺憾是深藏在心中的。從小奶奶撫養我們長大，成長的過程其實蠻辛苦的，我記得小時候最害怕作文要寫「我的父親」，我總是偷偷掉眼淚。常常很羨慕同學有疼愛他們的好爸爸。但我的奶奶跟我們說：「不用羨慕別人，奶奶及媽媽會給妳們加倍的愛」。我的奶奶就是那樣堅強，爺爺很年輕時當礦工遇災變，她很早就不幸喪偶，一個人帶了七個小孩，為了把小孩拉拔大，奶奶吃了許多苦。

奶奶常跟我說，小時候吃了許多苦的小孩，長大後會比較容易出人頭地，因為他知道自己的人生無法倚靠任何人，凡事只能靠自己努力，還說相信我的人生會倒吃甘蔗般，以後會是充滿幸福滋味的人生。

奶奶的話一直烙印在我心中，讓我深信不疑。我一路求學或工作都比其他人更拚命及努力，所以才能從一個高職女生一路到英國念碩士，最後到上海取得博士學位。因為我相信雖然我們無法選擇出生，但只要努力一定可以改變自己的一生。

所以停止抱怨你的人生，把抱怨的時間花在努力改變、

努力學習上，有一天你會發現你的人生已經大不同了，你已經成功逆轉人生，擁有一個更美好的人生。

　　沒有經歷苦的人生，
　　無法嚐到甜的人生。

夢想是動詞，勇敢追求，你跟夢想就只差一步！

　　最近有一個好消息發生在我身上，我應邀在一所大學擔任講座副教授，每一學期在學校開一次講座，跟年輕學子分享所學的專業。對於學校的邀請我非常開心，因為這是我今年設定的一個重要目標。

　　我突然想到之前開英國同學會，同學 Tony 跟我說：「妳十多年前在英國許下的未來夢想，每一個都實現了耶！」被這樣一提醒，我自己才發現，當時的我希望將來能拿到博士學位、出書、環遊世界快 60 國、設立自己名字的獎學金……這些夢想在十多年後真的都一一實現了。

　　每一個夢想實現的過程其實都不是太容易，而且往往需要犧牲，其中最難忘的是我的博士論文，每當假日大家都在休息時，我卻從早到晚都在煩心論文，有時寫得很累的時候

也會動了放棄的念頭，好想偷懶，但只要想到已經努力那麼久了，就這樣輕易放棄又很不甘心，只能咬著牙撐下去。

　　寫書的過程也很煎熬，很辛苦，因為太忙太累，每次寫完都喊著不要再寫了，但在讀者一直詢問以及出版社總編輯大力勸說下，再加上看到自己的書在台灣及大陸得到許多讀者的正面鼓勵，真心覺得如果透過我的寫作，對他人的人生有些小小幫助的話，實在是非常有意義的一件事。於是，總是永遠都在抽空寫下一本書。

　　但跟十多年前出書時最大的不同在於出發點——以前出書是為了有機會成就自己，現在出書是為了有機會成就別人。做一樣的事情，動機卻再也不同了。

　　有很多粉絲及讀者寫信問我，如何可以做到設定夢想及目標後，不偷懶地一一實現？我想可能是因為我從小就是一個非常目標導向的女生，每一年年底我都會清楚寫下未來一年想要達成的十個目標或夢想，包括理財目標、學習目標、環遊世界目標、健康目標、工作目標、設立獎學金目標、個人突破目標……，然後每個月檢視達成進度。如果落後自己設定的目標太多，就要思考如何改善；如果提早達成，就要想想要不要再增加新的目標。

　　夢想是動詞，要做了才有機會去追求，如果只有想而沒有動作，那只能說是「白日夢」而已。**通常我們跟夢想都只差一步，而那一步就是行動力！**

很開心我的 2019 年夢想只差兩個就全部提早達標了，一個是之前因工作延後的環遊世界 60 國，另一個是希望今年有機會成為廣播節目主持人，分享理財或環遊世界的經驗。希望這兩個夢想很快就能實現！

想過一個無悔的人生，從勇敢追求自己的夢想開始。記得你跟夢想只差一步，快快行動吧！

沒有被夢想拋棄的人，只有被人拋棄的夢想

每當有人問我為何要讀博士，我總是開玩笑地回答：「因為我虛榮，我希望我的名片上有個 Dr. Yang 的頭銜。」雖然是玩笑話，但我是真的從小就希望能夠讀博士，等老的時候可以在大學裡擔任教職，所以這也是一種養老計畫！

還記得開學典禮時，陳啟杰院長跟新生分享了一段話，他說，寫博士論文會是我們人生中最痛苦的一段時光。我聽了只覺得言過其實，我在英國修碩士，只花兩個月就完成碩士論文，所以不太相信寫博士論文會有多麼慘烈及嚴重。

我的博士課程是在香港及上海兩地完成的，前三個學期要修的學分很多而且課程繁重，每隔三週的星期五晚上，我就拉著行李，搭六、七點的飛機飛到香港，隔天在中環的上

海財大香港校區上課。

有一次跟台灣的同學搭同班飛機到達，從中環 IFC 大樓往學校的那一段路上，我們倆在大雨中拖著行李，互看對方一眼，然後忍不住苦笑。跟我們同年齡的女生，這時候可能在台北某家餐廳跟朋友聚餐，或是拉著男友的手在逛街看電影，我們倆卻像神經病一樣，拖著行李箱在下著大雨的夜晚狼狽疾走，放著好好的日子不過，偏要念個博士自討苦吃！感嘆完之後，我們倆又互相勉勵，既然這是我們自己的選擇，再辛苦、再艱難，都要一起咬著牙撐下去！

在進行博士論文寫作的那三年，我白天工作，晚上或假日抽空趕論文，連續幾個過年都是在寫論文中度過。還記得有一年春節放九天假，對於一個忙碌的上班女郎來說，那是最適合拿來趕論文進度的時間，於是那九天我足不出戶，每天穿著睡衣從早上九點寫到晚上十點。那時真希望每天都下雨，這樣從窗戶往外看，就不會看到豔陽下家家戶戶出遊的畫面！很多個夜晚，思緒卡住了，論文寫不下去，又煩又緊張，不知流了多少眼淚。甚至連感冒發燒都一邊哭一邊抱病趕進度，壓力之大、之辛苦、之煎熬，有時覺得根本活在地獄中，那是我人生中最痛苦的一段歲月。

通過層層論文考驗關卡後，進入最後一關口試，當時是由校外及校內教授一起進行審查。當天得知自己通過了最後口試審查，我抱著博士論文指導教授痛哭了一場。從小到大

從來沒有念書念得這樣辛苦，在苦讀二千多個日子之後，拿到一直想得到的博士學位，那種苦盡甘來的滋味，真的有種說不出的感動及喜悅！

為了達成夢想，願意放棄享樂、休息的時間，願意抱病堅持、不放棄、拚命地完成我的博士論文！如果你有一個夢想，你一定要努力去實現它，因為，如果只有夢想而沒有行動，夢想只能停留在「想」的階段！

所謂的夢想，就是為了實現這個想法，願意奮不顧身或犧牲一些代價，非常努力地往夢想前進，每一天都不倦怠，一心一意只為了有一天能美夢成真。

沒有被夢想拋棄的人，只有被人拋棄的夢想，你願意為了你的夢想犧牲什麼？

與其到處算命，不如靠自己努力改變命運

前幾天有個好朋友提到前陣子去找一個很厲害的算命老師，然後很好心地問我要不要也去給老師算一算，我微笑婉拒了她的建議。

其實 20 幾歲的時候我也會跟朋友去算命，特別是對職場或愛情迷惑時，就會想去尋求算命師給的、關於未來人生

選擇上的答案。

隨著年紀漸長，經歷過的事情越來越多，對人生多了些體會及感受，加上有了宗教信仰後，更不會去算命了。我深信生命中所有發生的事情都有最好的安排，也有祂未來鋪陳的美意，更何況人生不一定有標準答案，如果自己都無法勇敢做出決定，又如何敢把未來交給一個陌生人？

人生總是有高有低，起起伏伏，當你在谷底時，記得跟自己說，加油！這一關一定會過去的。只要一直保持信心，不要放棄努力，有一天一定會從谷底往上爬。

試著學習聆聽自己內心的聲音，你一定會知道選哪一條路對自己比較好。不用害怕走錯路，也許下個轉折就柳暗花明又一村，人生條條道路通羅馬。

 我們無法選擇出生，但努力一定可以逆轉一生

2018 年底台灣四席立委補選時，前行政院長賴先生在台南賣力輔選，他在選前之夜說了一段話：「有人希望扮演老天爺的角色，希望讓大家變有錢，但每個人一生中有沒有錢，都是老天爺決定的，而不是靠個人改變的……」類似這樣的話語，我聽了陷入思考，不是很認同他的言論（無關政治立

場），因為這違背了我從小的信念！

我們知道這世界可能是不公平的，有些人一出生就有富爸爸，受很好的栽培；也有些人從小沒有父母，在孤兒院長大；但在孤兒院出生的小孩就注定不會有好的未來嗎？其實未必，就像我常說的，我們每個人雖然不能選擇出生，但只要努力不放棄，一定可以逆轉一生，擁有不一樣的未來！

但想要改變命運的前提是，你要真心相信自己一定可以靠努力改變未來，還有，一定要認真學習兩種知識：一種是職場上的專業知識，另一種是理財的專業知識，只要認真學習這兩種知識，就算出生不好，也能改變命運，擁有不一樣的人生！（專業知識要靠自己努力，但理財知識 Dr. Selena 可以幫你快速提升！）

每一個人身上最大的武器，就是懷抱著夢想前進，夢想是努力最好的動力；就像我從小就希望將來有一天能出國念書，拿到博士學位，環遊世界，這些夢想對一個出身貧窮的單親小女孩來說，好像是一輩子都不可能實現的夢想；但多年之後，這個小女孩靠著自己一路的努力，將從小藏在心中的夢想一一實現了！

如果我可以，相信你一定也可以實現心中所有的夢想！人類因為夢想而偉大，每一個夢想都是奇蹟，也是改變命運最好的催化劑！

CHAPTER 2

環遊世界 60 國
讓我學會的事

| 看得越多，求得越少 |
| 珍惜每一天都擁有選擇的幸福 |
| 愛要及時，夢想也要及時 |

「旅行意味著改變，每一次都是新的開始。」
——希臘導演　安哲羅普洛斯

看得越多，求得越少

2018 年花了 90 天去環遊世界，那段時間是我一生中最快樂幸福的時光。當我在冰島看到極光的那一瞬間，我感動地流下幸福的眼淚，真的覺得這世界好大好美，自己真的非常非常幸運，可以親眼看到空靈奇美的極光。

旅行多年，雖然來到荷蘭阿姆斯特丹很多次，但每一次都因為行程緊湊而來不及拜訪一直很想去的安妮之家，所以這次冰島之旅剛好在阿姆斯特丹轉機，我特別在網路上買到門票並且預約時間，終於有機會一探心中那棟特別的小屋——安妮之家（Anne Frank House）。

安妮之家並不只是一間普通的博物館，裡面的佈置讓每一個到訪的參觀者都能感受那個猶太小女孩當年在二戰中被迫藏匿的氛圍。

在安妮 13 歲生日那天，父母送了她一本日記。被迫藏匿的日子，安妮帶著日記，記下每天生活所經歷的各種感受。這個美麗可愛的猶太小女孩，1942 年開始藏身於這個家時才 13 歲，1945 年 3 月死於猶太集中營；她的夢想是成為一名記者或作家。安妮死後，她的父親發現了這本女兒留下來的日記，為完成女兒來不及當作家的心願，他努力許久終於把安妮的日記出版。

參觀完安妮之家後，心情一直非常難過沉重（後來發現

安妮居然跟我同天生日），一個純真的 13 歲小女孩，她當時小小的心願就是長大之後要成為一名記者，出版自己所寫的書，她本該擁有美好的人生，好好長大，好好讀書、戀愛、結婚，而不是死於悲慘的集中營。

　　每一次的旅行都是一次心靈之旅，透過別人的生命故事，體會人生，也品嚐人生，領悟更多生命不同的意義；相較於安妮不幸的遭遇，真的慶幸自己擁有選擇人生的自由和完成夢想的機會，也更珍惜每一天都可以選擇的幸福！

　　當你走過的國家地方越多，你的心變得越來越廣闊，你的心靈也越來越富足。特別是當你看得越多，對物質慾望越低，你會求得越來越少。

　　那一刻，我告訴我自己，接下來每一天都只為自己而活。

　　以前在職場上所在乎的一切，職位、稱謂、名利、富貴，慢慢地那些變得越來越不重要。我的快樂不再建立在我的事業多成功，或被老闆加薪升官，反而是自己是否對這個社會有正面的影響力，可以分享所學去幫助更多人。

人生很短，為自己好好活一次

　　從小因為缺乏父愛，心中總覺得自己一定要當個好女孩，才會得到別人的喜愛，所以一直以來，我做每一件事都是拼了命盡全力，想在每個部分都表現完美，以得到別人的掌聲！

　　所以，從念書、寫博士論文到出社會工作，我一直都是拚命三娘，幾乎沒有時間好好休息。前年，從小撫養我長大的外婆過世之後，對我的打擊很大，我非常後悔沒在外婆生前多花點時間陪伴她，甚至帶外婆去旅行。

　　之後，每次抽空去台大醫院做年度追蹤檢查，在漫長的等待過程中，看到來來往往的病人及老人時，總是給我很深

的感受，在在提醒著我人生無常，平安健康就是最大的幸福。因為，即使賺了全世界的財富，贏了地球上所有的人，但失去了健康，一切都是枉然。

從此之後，我的人生觀改變了，生活中不再只有拚命工作，而是開始試著對自己及身邊的家人多付出一些時間及陪伴。人生實在太過無常及短暫，不要讓自己有一天充滿遺憾及愧疚。

也是從那時候開始，我決定之後的人生不再為別人活，也不再勉強自己！從今而後我的人生只為自己而活，只做兩件事情：一件是自己喜歡的事；另一件是可以幫助人的事！

教人學會理財或是用溫暖文字鼓勵在低潮中的人，都是我心中覺得可以幫助人的好事。而每次收到粉絲或讀者的來信，都會讓我覺得持續分享是件很有意義的事情，也更有足夠動力一直努力寫下去！

回想去年自己做了這輩子最勇敢的決定，就是放下台北所擁有的一切，飛去世界上更多的國家，實現環遊世界的夢想，給了自己一個人生最長的假期。

旅行是人生中最美好的歷程，可以盡情體驗不同國家的生活，更是很難得的生命過程。環遊世界讓我得到最大的領悟就是：當你旅行時看得越多，平常就求得越少，只要擁有平安健康就是最大的幸福。

回到台北後，逐漸又回到平常工作忙碌的狀態，每天有

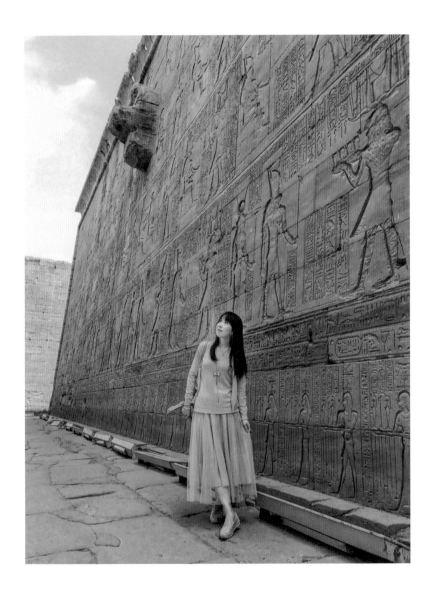

開不完的會議，忙不完的專案，慢慢覺得財富及名利的追求好像又回到自己的世界。但只要去了醫院，又會再次想起來，什麼是自己心中覺得最重要的。

　　期望自己永遠記得環遊世界時讓我學會最重要的一課，從今而後的人生不再當個好女孩，勉強自己努力辛苦地討好所有人，而是只做自己喜歡或可以助人的事情，不再被世俗的財富及名利所迷失，一切活得及時，想做的事都趁現在，過一個不後悔的人生。

愛要及時，夢想也要及時

　　環遊世界的某一段旅程中，遇見一個退休的科技公司董事長陳董，他說辛苦打拚了一輩子，終於有錢有閒可以實現長久以來一直存在心中的夢想——環遊世界。

　　陳董說自己工作 40 多年，沒有休過一天的假，他太太多年來都希望他可以陪她去歐洲到處走走，他總是跟太太說等他退休再去，沒想到太太前年不幸罹癌過世，再也等不到兩人一起到歐洲旅行的夢想了。

　　看到我這樣年輕就有機會可以完成環遊世界的夢想，體力精神都很好，陳董非常羨慕。我跟他分享了下定決心給自

己一個人生最長假期的心路歷程，提到從小撫養我長大的外婆過世給我內心巨大的衝擊，還有來不及帶外婆出國旅行的悔恨，甚至來不及見外婆最後一面、跟她說我好愛好愛她的遺憾。

我們總以為還有許多時間，所以一直忙著工作、打拚事業。也總以為自己所愛的人會永遠陪伴在身邊，所以總是常忽略他們的存在，甚至忘了跟他們說你有多麼愛他們及感謝他們。

然而有時候一切都來不及了，只留下心中無限的遺憾及難過。

我們永遠無法知道未來會如何，如果有想做的事或想完成的夢想，就盡早努力去完成，不要等到有一天一切都來不及了，才來悔恨。

要記得愛要及時，夢想也要及時。

還好還來得及看遍全世界的美好

開了一整天的會議，因為看了很多新的技術或案例，覺得打開了一些新眼界，學習到許多新的觀念，非常開心，內心滿滿的。回家時剛好收到健檢報告，檢查結果全部正常，內心大大鬆了一口氣。

突然想到今年好朋友幫我慶生時，分享了她參加罕見疾病慈善公益表演時，其中一個病人的生命故事。

這個病人上台時說的第一句話居然是：「我終於把我的腿鋸掉了！」原來他得了一種走路就會骨折的怪病，所以一走路就容易跌倒骨折，他在床上躺了十多年，後來決定把腳鋸掉，改坐輪椅；沒想到失去雙腿之後，利用輪椅可以到達任何想去的地方，反而完全自由了！

聽完這個故事，我們倆當場眼眶都紅了，想想我們能平安健康，自由自在地做自己喜歡做的事，是多麼的幸運及幸福。

同時也想起了去年環遊世界在埃及清真寺跟一群小朋友合照的美好時光，可能因為在埃及太少看到亞洲人了，所以不管走到哪，從南到北，都有許多媽媽及小孩們要求跟我合照，所以在埃及旅行時常常有種自己是超級大明星的錯覺，也滿足了另一種虛榮感。

當地導遊說因為埃及經濟不好，人民很窮，很多人一輩子都沒出過國，雖然身為回教國家，埃及男人可以娶四個老婆，但是真正有錢娶四個老婆的人卻是少之又少。

旅行的時候除了風景之外，最美的就是人了，埃及的小孩每個都很單純可愛，看到他們就會覺得其實幸福很簡單，自己很幸福，也更加珍惜現在所擁有的一切，每天都很感恩及感謝。

希望在未來的每一天，能持續貢獻自己所學，分享對大

家有幫助的理財資訊，抽空寫理財書或開線上課程，也都是希望可以幫助小資女及單親媽媽們，並將版稅及收入捐出，在更多的偏鄉小學設立獎學金，幫助更多需要別人拉他們一把的單親及清寒家庭小朋友。

寫書或編寫教材期間其實都蠻辛苦的，常常會覺得過程太燒腦而體力不支，但是每次看到讀者或學員的回饋，就覺得一切的辛苦都值得了。

希望自己能有更多的時間及體力，去完成下一本書及下一次的線上課程；更希望自己一直做個可以溫柔、可以勇敢的可愛女生，盡情地去看遍這世界的美好。

一個人的旅行，會讓你更勇敢

去年環遊世界時幾乎一個人規劃了所有的行程，不管是冰島、愛爾蘭、荷蘭、英國、希臘、葡萄牙、慕尼黑……，從規劃路線、訂機票、訂住宿、訂門票……，70 多天的行程都一個人搞定，還做好每天行程規劃及預算報價，同行朋友看了都直說我比旅行社還專業。

中間有一段法國、義大利、奧地利行程，是我跟朋友 Becky、寶媽三個女生的慢旅行，我們從巴黎出發，一路往南

開。其中一個行程來到一直想去的五漁村，一早我們就從民宿出發，天氣很好，但觀光客實在很多，吃完早餐之後走了一個小時，同伴都累了，想回民宿休息。

　　身為她們口中過動兒的我，卻精神體力飽滿，查好火車時刻表之後，就決定自己一個人繼續往其他漁村探險。其實我很享受一個人的旅行，在過程中自己研究行程，自己隨意走走，就算迷路了，沿途也有熱情的當地人會提供協助。

非常喜歡自己一個人，

往天涯盡頭單飛的感覺，

會覺得好期待又好興奮，

不知道未來的旅程會發生什麼故事，

又會遇見什麼人，看到什麼風景，

但最重要的是，

一個人旅行時會覺得自己變得更勇敢。

無論發生任何事情，

都必須自己去面對處理。

這也像我們的人生，

很多事終究要自己去面對。

無法逃避無法躲藏的結果，

那就勇敢面對眼前的任何挑戰。

往前一步，你會發現，

更廣濶的世界，在前方等著你。

因為經過這樣自己跟自己的旅行，會發現原來自己比想像中還勇敢，也更喜歡跟自己獨處，更期待下一次自己一個人的旅行。

這是旅行中的另一種幸福。

別看你失去的，要看你擁有的

原本 2019 年送給自己的生日禮物是歐洲之旅，前往兩個一直很想去的美麗小國，開心計畫好自由行的行程並且買好機票，靠著即將達成環遊世界第 60 國的美好目標，辛苦撐過了忙碌的魔鬼五月。

誰知人算不如天算，因為和兩個非常重要的會議撞期，只能把原訂的行程延後，但內心一直期待的生日之旅落空，對於沒有旅行就活不下去的我來說，實在非常沮喪。

結果因為行程延後，朋友及家人開始展開對我的生日大

餐邀請，從生日前一週開始，每天中午及晚上都有不同的生日大餐，對於身邊的人對我的愛，內心感到滿滿的溫暖。其實我非常幸福，擁有這許多的愛及祝福。

想起一個歐洲好朋友曾跟我說過，他喜歡我身上一個很棒的特質，就是不管別人做了多少傷害我的事情，我雖然會傷心難過，但不會放在心上太久，很快就會選擇原諒並放下往前走。

前幾天剛好看到一篇文章，描述柯文哲多年前受到打壓、心情低落時前往會見一位修行高僧，師父很有智慧地開導他，他說，我們一生在世上會遇見很多人，有人對你很好，有人會對你很不好，當別人對你有恩時，你感恩所以你報恩；相反的，當別人對你不好或傷害打擊你時，你心中有怨，但千萬別報怨。

因為我們活著的時間實在是太寶貴了，為了自己，也為了愛你的人，要好好地愛著活著，好好地享受人生，不要把時間浪費在不值得的人與事情上。

有時我們選擇原諒那些傷害你的人，其實是對自己的一種和解及放過；唯有學會放下心中負面情緒，才能讓自己內心保持平靜及喜樂。人生真的很美好，也很寶貴，千萬不要有一點浪費。

時時提醒自己：別看你失去的，要看你擁有的，永遠面向陽光，保持燦爛笑臉。

CHAPTER 3

35 歲前
先努力變有錢

| 省錢必學 6:3:1&5:4:1 法則 |

| 用記帳方法找出消費漏洞 |

| 神奇存錢法讓你一年多 13 萬 |

「不要終身為金錢工作,而是要終身讓金錢來為你工作,才能夠達到財務自由,並且實現你人生的夢想!」

——羅伯特 · 清崎

　　如果問大部分的人，一生中最大的夢想是什麼？變成億萬富翁或環遊世界這兩項，應該是許多小資族或上班族心中最希望實現的夢想。

 變有錢是多數台灣人的夢想

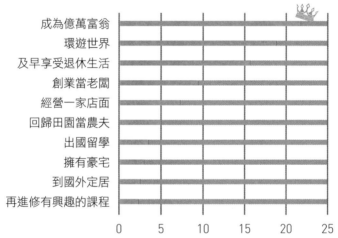

　　這張圖表顯示，「變有錢」是多數台灣人心中最重要的夢想，但是許多人都是為了生活，找一份工作維生，說穿了，其實跟打工族沒什麼不同，老闆支付你每個月固定微薄的薪水，然後要你長時間地努力為他工作。從這張圖表看起來，想要實現這些夢想，其實只要實現「變有錢」，其他的都不是難事！

　　《富爸爸及窮爸爸》作者羅伯特‧清崎曾說過：不要終身為金錢工作，而是要終身讓金錢來為你工作，才能夠達到財務自由，並且實現你人生的夢想！財務上的自由，帶來更多時間的自由，可以做我們真正想要做的事，真正享受屬於我們的美好人生！

　　而環遊世界這個夢想，更是建立在「變有錢」的前提上，想想看，旅行再怎麼省錢，還是得花錢才行！

　　雖然聽起來很現實，可是事實真的就是如此，這個夢想是建立在金錢之上的，就算能幸運地抽到免費機票，那也只是偶爾運氣好，不可能一輩子都一直抽到免費的機票吧？所以**想要環遊世界，前提是必須想辦法儲存自己的「旅遊帳戶」，確保在足夠生活之外，還有足夠的資金供你旅行**，在需要的時候能夠提領出來使用。

　　辛苦工作並且努力投資最主要的目的，除了賺錢應付日常生活開銷，就是要出國旅遊、吃喝玩樂、血拚購物，為自己的人生創造無窮的快樂！

35 歲就環遊世界的超強理財黃金方程式

決定將來的夢想	夢想	例如：環遊世界 20 國
為實現環遊世界夢想，決定【　　】後存到目標金額	算出費用	例如：總費用 30 萬元
為了在【　　】年後存到目標金額，擬定投資理財策略	投資理財策略	例如：如何每年存到 10 萬台幣，想開源及節流的方法
為達成策略，擬定並實行具體的計劃	理財的計畫與行動	例如：每月定時定額買低價銅板股

　　我身邊有許多小資族，雖然工作多年，銀行存款可能不到五位數，也不知道自己的錢為何都沒存下來？或是哪些錢原本應該存下或投資、最後卻不知花到哪裡去？如果不希望未來每年都怨嘆自己存不住錢，從現在起，趕快找出財務漏洞、擬定百萬財富計畫表，向小富婆（翁）之路邁進吧！

35 歲就環遊世界超強理財術黃金方程式：

每年擬定旅遊目標 + 設定每年存錢目標 + 小資省錢法 + 存小錢計畫表 + 投資理財 = 實現環遊世界夢想

　　每個人都有不同的人生目標，各自的財務背景與相關資源也不太相同，在開始學習投資理財之前，應該就個人情況及目標，做出每年「最適合自己」的理財計畫，這將有助你達成有錢人的目標。

　　不過，即使下定決心，還是有很多人半途而廢，大部分的原因在於沒有動力。**想要變成小富婆（翁）的動力，可以從擬定「夢想目標」獲得**，如同在一隻驢子前面放一根胡蘿蔔，有了吸引力，驢子才會一直往前衝。而擁有夢想目標的人，會因為想盡快完成夢想，更加督促自己省錢及存錢。

　　我建議，一開始可以先設定短期的夢想目標，例如出國旅遊的旅費或是進修的學費，達成短期目標的門檻不會太高，一旦達到會很有成就感，進一步還能從過程中培養出省錢、存錢及記帳的習慣。

成功方程式 I
擬定夢想目標，
催促自己往「錢」進！

　　我個人就是一個好例子，我在年輕時就為自己訂下出國留學的夢想目標。假設估算出國留學約需花費一百萬元，便開始執行省錢計畫，將每日支出都記錄在記事本中，待每月最後一天，再回頭檢視哪些項目花費過高，終於在 1998 年達成夢想目標，到英國留學進修一年。

　　實際上，我並非天生就會省錢，而是在擬定要花費百萬元的夢想目標後，決定著手檢視自己的資產，並將每月一半以上的薪水存入存款戶頭，剩下的錢，扣除日常開銷後再分別投資於基金、股票及保單，充分利用。**從省錢中擠出投資的資金，是邁向百萬富婆的必要之舉。**

 小資族環遊世界理財計畫參考表

時間	理財 & 環遊世界計畫目標
短期理財目標 （1 年內）	先存到 5~10 萬元，每年投報率 5% 環遊世界計畫啟動：每年 1~2 國
中期理財目標 （3~5 年內）	存到人生第一個 50~100 萬，每年投報率 5% 環遊世界計畫：5~10 國
長期理財目標 （6~10 年）	存到 200 萬以上 環遊世界計畫：11~20 國
遠期理財目標 （15~20 年內）	買房子或存到 1,000 萬退休金 環遊世界計畫：21~30 國

（註：存下的金額可以自己決定）

大聲說出你的目標，越多人知道越好

　　愛，要勇敢說出來！未來的夢想目標及存錢目標，當然也要大聲說出來，讓越多人知道你的存錢目標，也就讓存錢這件事情變得更重要、更有壓力，藉由壓力加速和保證目標達成。最棒的是，好朋友或好同事們都知道你在存錢，也會減少約你出去吃喝玩樂、逛街血拚的次數，而百分之百得到朋友的支持，也能在存錢時感到更快樂、更自在！

　　小資族也可以設定存錢旅遊大計畫，將每年想去的國家列出，一步一步地實現每年的旅遊目標，很快就有機會環遊世界成功喔！

環遊世界存錢旅遊大計畫：

一天存多少　＝　明年可以去那

　　想存到錢來實現環遊世界的夢想，就要從平時開始有計畫地存錢及理財！有一句名言：「儲蓄，為理財之母。」意思是指**「存錢」，是想要變有錢的第一步**，若沒有基本的省錢及儲蓄，就沒有辦法進行財富的累積，也就不能享受理財的成果及早日完成環遊世界的夢想。如果你連「小錢」都沒

有，何以讓小錢變大錢，發揮理財的最大功能？就算小資族
空有一身投資理財的本領，沒有基本的儲蓄，沒有錢投資，
一切都是空談！

一天存多少	一年存多少錢	國家
一天存 30 台幣	10950	香港，泰國
一天存 50 台幣	18250	菲律賓長灘島
一天存 80 台幣	29200	韓國，越南，印尼峇里島
一天存 100 台幣	36500	日本
一天存 150 台幣	54750	馬爾地夫，土耳其
一天存 200 台幣	73000	澳洲
一天存 250 台幣	91250	北非摩洛哥
一天存 300 台幣	109500	美國，加拿大，歐洲
一天存 350 台幣	127750	紐西蘭
一天存 400 台幣	146000	北歐，冰島
一天存 500 台幣	182500	中南美

成功方程式 II
學習 7 個另類的強迫省錢小技巧

✈ 變有錢的第一步：從把錢省下來開始！

已故的國泰人壽創辦人蔡萬霖曾說過一句經典名言：「賺錢是徒弟、存錢是師父。」，一語道出「存錢」的重要性。蔡萬霖曾經是美國《富比世》雜誌世界富豪排行榜第 8 位，但他卻是生活極為低調的一位台灣首富。他出生在一個擁有 8 個孩子的貧困農家，8 歲就和哥哥離家到台北靠著賣菜、賣糖過生活，省吃儉用 13 年後存下了一小筆資金，他利用這筆資金開醬油店做生意，沒想到這筆錢竟然成為日後國泰集團的發跡籌碼！

因此，大家千萬別忘了一個最簡單的道理——「萬丈高樓平地起」，雖然不容易開始，但只要肯跨出第一步，絕對有機會讓自己達到財富自由的境界。

就像十多年前當時月薪不到三萬元的我，每個月都樂當「存錢月光族」，因為我知道自己的薪水不多，每個月初領

到薪水後，立刻將其中的 15,000 元匯入基金投資帳戶，以免被我亂花掉，而且這個帳戶沒有提款卡、只能進不能出，一年下來可以存 18 萬元、兩年可以存 36 萬元，而且這還不包括另外投資股票及基金的獲利。

　　所以事情其實就是這麼簡單──「把錢省下來」並且「開始行動」！先養成存錢的好習慣，再搭配正確的投資方式，一點一滴累積，小錢最終也能累積成為大錢。

　　現在每年物價一直狂漲，只有薪水不漲，大家都要想辦法「省」錢，很多小資族常常抱怨每個月薪水不夠用，事實上不論錢多或是錢少，永遠沒有人會覺得錢是夠用的！我們先來想想，你真的清楚你的金錢花費嗎？以下來分享 Dr. Selena 獨創的 7 個看似另類卻能夠強迫省錢的小技巧。

❶ 記得你的皮夾永遠不要裝千元大鈔

　　很多小資族習慣把這個月的花費一次全從薪水帳戶領出來，但你將會發現一個很可怕的現象，就是每月領多少出來，就花掉多少，而且可能短短 1 ～ 2 週就不知不覺花光了！

　　這就是習慣問題，人本來就很容易有多少花多少，要你存錢永遠都很難！所以要記好這第 1 招：**別讓你的千元大鈔「不告而別」**！

　　你有沒有發現，一旦把千元大鈔找開了，就很容易亂花錢，這是人性普遍的弱點，所以千萬要忍住，如果身上只剩

千元鈔票，就不要找開，直接回家吧！

　　試著練習「**即使不花錢也能過一天**」，逼自己累積這種省錢經驗，只要用對方法，你也能加入「百萬小資族」行列！

❷ 養成「**每天存 50 元硬幣**」的習慣或每週多存 500 元的挑戰

　　許多人會以年或月當作儲蓄單位，如果能以「日」計算，更能感受到現實，一旦算清楚一天要存多少錢，就很清楚知道哪些消費其實是不需要的。試著每天存幾個 50 元硬幣，不要小看 50 元，日積月累很快就能建立存錢自信。

　　記得每個禮拜都幫自己設定一個存錢目標，來當作挑戰！既然是挑戰，那當然就要挑個有難度的！像是第一週存 50 元、第二週存 100 元、第三週存 150 元、第四週存 200 元……依序存下去，月底就會發現自己最少多存了 500 元！

❸ 幫自己的環遊世界夢想基金帳戶取個名字

　　建立一個新帳戶或是附屬帳戶，然後**把帳戶名取一個比「備用基金」更具體的名字**吧！像是你想計畫「歐洲背包客之旅」或是「我的環遊世界之旅」，這些名字有沒有讓你更有動力儲蓄了呢？

❹ **戒掉那些不健康的生活習慣，每個月再省 1,500 元！**

　　你會每天喝一杯珍奶或喝一杯咖啡嗎？每天少喝點或是戒掉吧！一杯珍奶平均價格大約是 40 ～ 50 元，也就是說，**少喝一杯飲料，就多了一頓早餐的錢，一個月可以省下將近 1,500 元！**告訴自己，多喝開水省錢又健康！

❺ **找一間低價的量販店或網購，生活日用品盡量都在那買**

　　找一間低價的量販店，不管是家樂福、全聯或頂好都好，只要是你方便，且價格比便利商店便宜的地方，將日常用品定期性地一次補齊，避免在需要時要用高價在超商購買，藉此強迫自己省錢，或是習慣網購日用品，減少逛街次數，只要少接觸、少領錢，就能降低消費慾望、減少消費，藉此省錢。除此之外，網購日用品（PChome 購物、MOMO 購物、生活市集）也可以減少交通時間，是一項既省錢又省時的聰明消費模式。

❻ **少請別人幫忙就可以省下許多小錢**

　　現在外送外賣 foodpanda、UberEat 非常流行，許多人貪圖方便，外食、外送、坐計程車……，雖然看起來非常便利快速，但其實都是用額外的花費來換得方便。人一旦工作繁忙，連一點小事都會覺得很麻煩，會忍不住替自己找藉口，

例如「反正我每天工作這麼辛苦，花點小錢無所謂吧？」，但其實自己的事盡量不要借他人之手完成，也是聰明存錢的一小步捷徑。

❼ 換個朋友聚會的方式，每個月省下 1,500 元！

　　平常我們跟好姊妹聚會總是喜歡在外面喝喝下午茶或吃吃甜點，這些花費隨便就可能動輒 300、500 元，一個月很容易就超過 1,500 元，是一筆非常可觀的開銷。試著在家自己準備下午茶或點心，一來不用為了省錢而放棄跟朋友交流的機會，二來偶爾換個聚會的方式，也可以增添日常生活的情趣！

成功方程式 III
選擇適合自己的省錢、記帳及存錢方法

省錢必學的「6：3：1」＆「5：4：1」法則

　　全球首富巴菲特有一次搭電梯時，發現地上有一塊錢，其他人都不好意思撿，巴菲特竟彎下腰撿起那一塊錢，並說了一句名言：「這是上億美元的起點。」然後就把一塊錢放進口袋裡。

　　連巴菲特都如此了，小資族們更應該將辛苦賺來的每一塊錢都好好運用。

　　「省錢」是小資族學習理財投資的第一步，接下來，則是要學會如何好好「用錢」。好好用錢不是拚命省吃儉用，而是聰明、有智慧地分配所賺來的每一塊錢，包含收支平衡，並且投資在自己身上，才能夠錢滾錢，快速累積財富，早日達到財務自由。

　　這幾年輔導公司裡的小資女學習理財，我觀察到兩個現象：一部分小資女只知道把錢存起來放銀行定存，不會好好

地投資理財；另一部分小資女可能年薪只有 30 多萬，卻買了 10 幾萬的儲蓄險，存下來的錢都投入保險公司了。其實這兩種方式都不能算太好，真正學會理財有一個很大的重點，就是能為每月收入做聰明的分配。

想投資理財怕錢不夠，要買保險又怕保障不多，要長期規畫又怕堅持不了，到底該怎麼樣規畫才能同時兼顧理財與保障呢？我建議小資族可善加運用「6：3：1」法則，輕鬆做好風險規畫。

所謂「6：3：1法則」，就是把薪水分成 10 等份，其中 6 等份用於日常生活支出，3 等份存下來用於投資自己或投資理財，最後的 1 等份則用來做好基本保險規畫。

但是 6：3：1 只是一個最基本的法則，如果將來可以省下更多的錢或是增加更多的投資收入，甚至可以變成 5：4：1 或是 4：5：1，當可以存下來的錢越多，佔薪水收入的比例越高，恭喜你，又往變有錢的目標大大邁進一步了！

 小資族必學的「6：3：1」和「5：4：1」法則

薪水的 6 成／5 成	薪水的 3 成／4 成	薪水的 1 成
活在日常生活所有開銷	設法存下來的錢	買保險或投資自己
日常生活開銷 例如：交通費、伙食費、娛樂費用、房租……	投資理財 例如：投資基金、ETF 或買好老公股票、低價銅板股	基本的保險規畫 例如：上課、買醫療險、住院險、防癌險

定期檢視消費習慣並適當調整

　　想達成「6：3：1」法則或「5：4：1」法則，很重要的前提是要檢視自己的消費習慣，找出財務漏洞並做適度的調整。如果你是月光族，每個月都不知道錢花去哪裡的人，透過記帳來替自己抓漏吧！看看都把錢不小心花到什麼地方去了，接著再做消費習慣的調整。

　　透過記帳，你也可以看出，哪些消費是非理性的消費，假如幾乎天天都有非理性的消費，若能降低到一週只發生2～3次，一個月下來，相信一定可以省下一小筆錢，也不會覺得自己的錢老是搞失蹤。

　　要存錢最好的方式，就是「每月收入－支出＝存款」，如果可以讓每個月的支出變少，就有機會增加每個月存款的金額。美國最近流行一張神奇的表格**「存錢改善計畫表」**，被美國最強理財教練用來教人擺脫窮基因，一年幫20萬美國人改善財務。這個簡單又神奇的表格，可以讓每月的支出變少，存款增加，左邊「每月支出表」，先把每月非花不可的費用列出來，算出每項項目佔所有總額的比例；中間是國人平均比例；右邊是「改善方式」，也就是把每個月食衣住行育樂等各項支出加總，從表格中找出可以節約的空間，並透過循序漸進的方式，在不影響生活品質下，把希望改善的項目花費降到最低。

　　這種方式強調，改變一定要循序漸進，慢慢地就能堵住各種花錢漏洞，讓自己每個月省下更多錢，讓存款多更多。想要改變每個月消費習慣嗎？你也可以自己做一張表喔！

 存錢改善計畫表

項目	金額	佔總額比例	國人平均比例	是否待改善	改善方案	改善後預估支出
房租水電瓦斯			19.04%			
醫療保健			12.15%			
教育			2.96%			
家具設備			2.03%			
食品及飲料			11.47%			
交通			7.53%			
通訊			2.72%			
服飾			2.28%			
休閒娛樂文化			4.65%			
餐飲旅館			9.56%			
菸酒檳榔			0.95%			
雜項消費			4.32%			
儲蓄與投資			20.34%			
總額			100%			

（註：國人平均比例為 2017 年台灣家戶收支調查報告）

增加財富的儲蓄樹狀圖

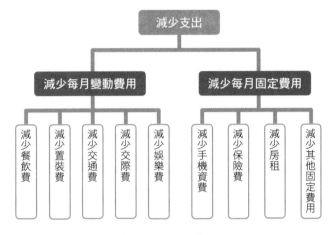

（資料來源：今周刊）

用記帳方式找出消費漏洞

　　以前的我都用記帳本記帳，但因為本子不好隨身攜帶，常常都會漏掉或是忘了記錄，後來改用手機 App 記帳，不但方便而且一目瞭然，對於掌握自己的金錢花費及修改花費習慣很有幫助，進而達到省錢的目的！

　　Excel 或是手機記帳 App 工具，將會是你省錢存錢的好幫手，藉由記帳、支出分類和了解消費內容，可以有效地掌

握自己的收支情形，並且對於過多的浪費項目進行改善。**從許多理財報導中可看出，理財成功的名人都有記帳的好習慣，像知名的理財達人何麗玲等。**現在網路及手機 App 非常普遍而且好用，如記帳城市、MoneyBook，建議可以下載這些好用的記帳軟體來記錄每天的支出。

想要真正省下錢，記帳很重要，不僅記下食、衣、住、行、娛樂的花用，還要檢討每月哪些不該花用、哪些東西漲價、哪些支出可以降低等等，以便找出支出的大黑洞。你還應該了解家中的水電、瓦斯、電話費，是不是超支了？有沒有達到節約的目標？也可以比較這幾個月的花用情形，甚至比較幾年來的水電支出狀況，才能訂出節省的目標。

其實每天記帳頂多花 5 到 10 分鐘，但一旦開始這個習慣，你就會發現你的理財觀開始改變了！要知道理財這件事情絕對沒有分錢多或是錢少的，只要開始第一步就會改變你的生活！

TIPS 讓信用卡幫妳記帳！
善用信用卡的懶人記帳法

要養成記帳的習慣談何容易？有個「小資懶人」記帳法你可以先學學，不但不用花腦筋去記，還會幫你把每個月費用整理得清清楚楚的，甚至還會幫你把一整年的消費分類統計出來──那就是「信用卡」記帳法。

信用卡該怎麼記帳呢？首先，把自己的花費分門別類，像是民

生消費、百貨購物、加油費、電話費、水電瓦斯費,可以申辦不同的信用卡。民生消費就想想平常最常到哪裡買東西,買菜就辦張超市聯名卡;一次購足的大量採買,就要一張量販卡;便利商店也有電子錢包可以申辦;百貨週年慶少不了百貨聯名卡;想省油資,加油卡就是必備;電話費、水電、瓦斯費,用一張卡辦代繳……

生活中的一切全都可以用信用卡支付,不但優惠多,每個月的帳單正好幫我們記好帳。因為我住在新北市,所以常去環球購物中心,後來我選擇辦了環球中國信託聯名卡,看電影一人可享優惠之外,還有很多店家優惠。每個月的信用卡帳單會用圖表分析消費動向,累積的紅利點數還可以兌換家用品,像我的烤箱、棉被,都是紅利點數免費兌換的。最棒的是,每年年底還會寄來一年的總消費明細,過去一年的消費動態,透過一張帳單就看得清楚明瞭,可以作為當年消費的檢討及明年消費計畫的參考!

 一張信用卡帳單幫你分析消費動向

1～12月累積消費分析

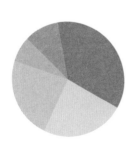

■ 百貨精品 36%　　居家修膳 0%
■ 餐飲美食 24%　　生活繳費 0%
■ 休閒旅遊 23%　　交通汽修 0%
■ 醫療美容 8%　　　理財保險 0%
■ 兩販超市 10%　　網路及電視購物 0%
　　　　　　　　　其他 0%

4 個網友大推的神奇存錢法，1 年多存 13 萬

　　許多人每年新年新希望之一，就是年年存款可以增加，但該怎麼讓存款增加、日子又不會太難過呢？以下提供 4 個網友推薦、超級實用又簡單的妙招，讓平時存錢事半功倍。

TIPS 52 週階梯存錢法

這是前陣子在網路上瘋傳的存錢法，強調每一週存的錢比上一週多，透過階梯式計畫，讓存錢多一點樂趣，養成存錢好習慣。這個存錢法的優勢是每個人可以根據自己的能力，設定每週存款金額，如果以 10 元為單位，第 1 週存 10 元、第 2 週存 20 元、第 3 週存 30 元、第 4 週存 40 元……以此類推，第 52 週存 520 元，這樣一年總共可以存下 13,780 元。

當然，你也可以從 50 元、100 元開始存起，以第 1 週存 100 元為例，一年後就可以存下 13 萬 7 千 8 百元，效果非常驚人，而且還可以養成固定存錢的好習慣。

TIPS 21 天好習慣存錢養成法

行為心理學家發現，一個習慣的養成至少需要連續做 21 天，前面 7 天要很刻意地提醒自己做這個動作，7 ～ 21 天之後這個行為才會變成自然，但還需要持續的培養，等到第 21 ～ 90 天，這個行為將會變成不經意的好習慣。

這 21 天只是思維的轉換，一個習慣的養成至少要持續半年；存錢也是同樣的道理，建議先訂出一個消費底限，經常做必要性的省思和檢討，並且改變付款或消費方式，透過思維轉換，習慣養成，就能提高儲蓄力！

神奇週薪存錢法

所謂的週薪管理法,是先算出每個月所有的基本生活費,然後除以四,得知每週可以的花費,接下來,每個星期一就一次把整個星期的生活費領出來,並且規定這一週只有這些錢可以花。好處是每次打開皮夾時,就會看到這週的生活費還剩多少,藉此做消費提醒與控制。當花費控制住後,剩餘的薪水就能存起來。

Step1	算出每月基本生活費
Step2	把每月生活費除以四,算出每週所需生活費
Step3	每週一領出 7 天的生活費
Step4	每天檢查皮夾內剩餘金額,檢視自己的花錢速度
Step5	把其餘的薪水統統存起來

 大豬公撲滿零錢法

撲滿存錢這樣做

Step1	買一個大豬公紅(或黃)撲滿
Step2	每天回家就掏出零錢,不管是 1 元、5 元、10 元或 50 元,全部都投進去
Step3	每存滿一隻就拿去銀行換成鈔票,存入儲蓄帳戶
Step4	重複步驟 1,直到存到自己的第一桶金

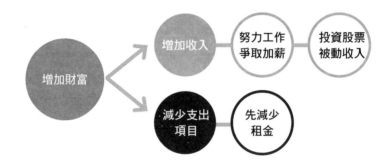

成功方程式 IV
35 歲前搞懂各種理財工具

　　如上圖，大家可以看出想要變有錢的不二法則，就是增加收入、減少支出，其中學習投資理財就是有效地讓自己增加收入的最好方式。

　　前一陣子有份台灣年輕人的投資理財工具統計，這份調查結果相當令人驚訝，年輕人最常使用的理財工具竟然是「定存」，光是「投資人達成心願的投資理財工具是定存」這個結果，就足以顯示台灣民眾的理財意識相當薄弱。

投資人達成心願的投資理財工具

項目	整體	20-27 歲	28-36 歲	37-46 歲	47 歲以上
保險	21.10%	16.50%	22.30%	23.00%	23.30%
定存	26.60%	26.80%	29.90%	23.80%	24.00%
基金	21.60%	25.10%	19.10%	21.80%	20.90%
股票	19.50%	19.80%	19.60%	19.40%	19.10%
不動產	10.10%	10.80%	8.00%	11.20%	11.60%
其它	1.00%	1.00%	1.10%	0.80%	1.10%

（資料來源：商周－摩根【我的心願行動力大調查】，樣本數 3512，調查期間 5/6~5/25）

　　你一定會問：那我要如何開始理財投資？投資理財的工具有哪些？難道我不能就把錢在放銀行嗎？

　　事實上，銀行定存也是投資工具的一種，但它的利潤和通貨膨脹相抵銷後，利潤往往所剩無幾。小資族們學理財投資之前，讓我們先來了解一個事實──風險與投資報酬率往往是成正比的關係。那麼什麼是投資報酬率呢？

投資報酬率＝獲利 ÷ 投資金額 ×100%

假設你用 300 元買進一套郵票，又用 350 元賣給小王，投資報酬率＝（350-300）÷300×100% ＝ 16.7%。

　　天底下沒有白吃的午餐，你越有機會獲得高報酬率，相對的也必須負擔較高的風險，也就是越有可能血本無歸，這是進行投資之前必須先具備的體認。而且用來投資的錢，還要用對方法、選對投資工具，才能讓財富增值。

　　隨著理財觀念普及，各式投資工具也隨手可得，然而，不同的投資理財工具有不同的屬性，透過預先設定好的投資目標，並搭配適當的投資工具，才能達到預設的投資效果。

　　目前較常見的幾種投資標的，諸如銀行定存、外幣定存、ETF、黃金、股票、定時定額基金、期貨、房地產等等，都是常見的投資工具。下表是針對這些投資理財工具所做的簡單分析，從這個表格可以了解這些投資工具的風險及投資報酬率的關係：

 小資族可運用的理財工具比一比

項目	台幣定存	外幣定存（人民幣、南非幣、美金等）	台股	黃金存摺	基金	ETF
投資報酬率	目前約1%	人民幣3~4%	每日最高漲跌幅10%	不一定	不一定	每年4%以上
投資風險	極低	中高	高	高	極低	極低
價值波動性	極低	高	極高	高	極低	極低
投資門檻	1萬	10萬	1,000股	每月3,000元	每月3,000元	每月3,000元
變現性	佳	佳	佳(約3日)	佳	佳	佳
專業知識與否	不需	需要	需要	需要	需要	略需
長期保本	有	不一定	不一定	不一定	不一定	有
壽險保障	無	無	無	無	有	有
節稅	無	無	無	無	有	有

外幣定存：以外幣為標的，約定將外幣存於銀行一定期間，未到期前不得領回。如同台幣定存，銀行也會給存戶存單（有的是登記在存款簿後面），到期時領取本息。如果已有外幣帳戶，可以直接用外幣存款。

股票：是國人相對比較了解的投資工具，投資某一公司股票等於是該公司股東，對該公司擁有行使股東權的權利。公司經營良好時，除了股利分配之外，還有機會獲得股價上漲的資本利得；相對地，公司經營不善時，股東的財富也會跟著縮水，甚至有可能血本無歸。

黃金存摺：是一種金融服務，客戶在銀行開立黃金帳戶後，即可透過該帳戶買賣黃金。客戶依照銀行當時揭示的黃金存摺牌告價格，自行決定要親自到銀行櫃台或是透過網路進行單筆買賣；亦可與銀行約定以定時定額方式，於每月特定日期購買一定重量的黃金。黃金的買賣價格與利潤，都會記錄在黃金存摺的網路帳戶與實體存摺裡。

共同基金：它是集合眾人的小資金，匯集成大資金之後去進行各項投資，投資標的涵蓋股票、不動產、能源、糧食等等，想得到的投資產品，幾乎都有包裝對應的基金可供選擇，例如鎖定名牌時尚風產品的品牌基金、針對各種礦產的礦產基金等等。基金在募集之初，就已設定並有明確的投資標的，因此這類工具是屬於多頭型的產品，換言之，在行情跟基金規畫同方向時較易獲利。

理財心理測驗

來看看你最適合哪一種致富方式

適合別人穿的鞋未必合你的腳，與其追求別人的聖杯，不如找出自己的理財個性及特質，量身訂做一套符合自己特性的投資理財模式！

要想成功學會理財，就要先知道自己的理財性格，利用如何成為有錢人的心理測驗，找出你的理財性格，清楚知道自己對於金錢財富的盲點，從了解自己、願意改變自己開始，就是成功通往富足人生的第一步。

你的小資理財指數 MI（Money Index）

1	自己一輩子都沒有機會變成有錢人。	是 0 分	否 1 分
2	去百貨公司或好市多大賣場購物時，不會先計畫預算並且實際達成？	是 0 分	否 1 分
3	花錢時我從不考慮的東西是出於「需要」還是「想要」。	是 0 分	否 1 分
4	每年辛苦存下來的錢都放在銀行定存或是買儲蓄險。	是 0 分	否 1 分
5	不清楚什麼是殖利率、本益比、EPS？	是 0 分	否 1 分
6	買股票或基金通常是聽朋友或家人推薦？	是 0 分	否 1 分
7	無法閱讀《經濟日報》（財經類報紙）或者《Smart》《Money》（財經類雜誌）超過 5 分鐘？	是 0 分	否 1 分

每個人都想致富，但你知道自己最適合哪一種方式嗎？快花3分鐘測驗，找到你的解答！

首先，看看自己有多愛財吧！Dr.Selena 精心設計的「你的小資理財指數 MI（Money Index）」測驗，帶你找到最適合自己的投資工具及方向！找出你的投資性格，不同的投資影響到不同的投資理財決策模式，進而影響到你追求的投資報酬率。

8	投資股票的風險一定大過於定存？	是1分　否0分
9	覺得理財投資很難而且是屬於有錢人的專利，自己一定學不會，所以從來就不想學會？	是0分　否1分
10	要賣出股票或基金時，會先設定報酬率，賣掉達到報酬率的賺錢股票？	是1分　否0分
11	銀行信用卡的循環信用額度借錢很方便，偶爾使用一下沒關係？	是0分　否1分
12	每個月的薪水會強迫自己固定存下 1／3 的金額？	是1分　否0分
13	買過海外基金？	是1分　否0分
14	知道什麼是 ETF，並且實際投資過 ETF？	是1分　否0分
15	您是否隨時有準備一筆緊急生活基金來應急？	是1分　否0分

　　我們常聽古人說「一樣米養百樣人」，每個人從小生活成長背景不同，所以會養成每個人都有其獨特的思考模式與花錢的方式，有的人天性較為保守緊張、有的人則大而化之；有的人行事膽大及衝動、有的人行為謹慎等等，這些種種的個人特質我們統稱為「屬性」。而不同的思考模式與個性也會影響到個人的投資性格及行為，若在投資者選擇投資標的與策略時，與自己的投資屬性正好相反，則可能會嚴重影響投資效益。例如：保守型投資人若買到波動度較大的基金（比如積極成長型基金）可能就會在股市空頭、行情大跌不好時，因為無法承受來自基金淨值持續下跌的心理壓力而認賠賣出產生損失。一些收入來源較穩定的基金（例如：債券型基金）可能較適合這種性格保守的投資人。

　　投資理財是人生中非常重要的大事，能正確認識自己的投資屬性及風險承擔程度，才知道什麼樣的投資策略及組合最適合自己。

　　動物專家把我們常見的動物分為攻擊型、勤奮型、狡詐型、依賴型、求知型和簡單型等 6 種，這說明動物和人一樣，也是有性格的。但要說這些性格各異的動物在理財上各有千秋，許多人肯定會感到詫異。實際上，各種動物之所以能生存下來，與它們的理財能力有著密切關係，做完以上的理財測驗，可以來看看自己的理財性格，作為自己未來的理財投資方式及策略的修正建議。

MI 理財性格測驗結果分析表

所得分數	動物類型	投資性格	風險承擔能力	獲利期待	期待年報酬率	試合的理財工具
0-5	黃牛	保守型投資人	低	穩定收益	3~4% 以上	低價銅板好股,定時定額買 ETF,定時定額買零股
性格說明	以穩定保守為投資首要的考慮因素,追求低風險,可容忍低報酬。黃牛一直是農人的好朋友,每天都勤奮努力地工作沒有怨言,像黃牛一樣的投資性格代表你對投資理財的觀念是非常保守的,沒有很多時間去瞭解及學習投資理財知識,如果一直這樣下去可以累積出的財富相對於別人可能會非常緩慢及少。從今天起試著改變一下自己的理財概念,open mind 地去嘗試,相信會開始瞭解學習投資的豐富收穫。					
6-10	田鼠	穩健型投資人	中	中等收益	5~8% 以上	好老公股票,ETF 黃金存摺
性格說明	穩定地累積財富,承擔適度風險,追求穩定報酬。我們大家知道田鼠這種動物的智商是非常高的。秋天是豐收的季節,田鼠知道趁機儲備糧食便可安全度過寒冷的冬季。通常情況下,一個田鼠需要儲備七、八斤甚至十多斤糧食,而運送和儲存這麼多的糧食,田鼠肯定是要花費很多時間和精力,但它們卻非常專注,樂此不疲。隨著人們收入的提高和消費觀念的轉變,現在把每月收入全部花光的「月光一族」越來越多。花錢如流水肯定很瀟灑,但到了用錢時捉襟見肘也非常尷尬,所以只花錢不攢錢的小資族應該學田鼠這種提前計畫、積穀防饑的理財思路。當用則用,當省則省,你對於自己的經濟狀況蠻瞭解的。如何在每個月的支出和收入之間取得平衡,完全在你自己的把握。你對於理財也小有概念,有計畫地花錢,讓你的生活一直在平均水準之上。					
11-15	灰狼	積極型投資人	高	極高收益	9~12% 以上	好老公股票,新好老公股票,新股大樂透
性格說明	灰狼的積極性格,在動物之中應當算是最冷靜和沉穩的,每次進攻之前地都要仔細瞭解對手,先用對峙來消磨對手的耐力,然後伺機而動;如果面對比自己更強大的對手,狼會借助集體的力量群起而攻之,絕不打無準備之戰,所以狼一生的進攻中很少失手。在現實生活中,狼的冷靜和沉穩也值得我們學習。目前理財管道越來越多,面對各種保本、保息以及高利率、高回報等誘惑,要正確分析,看看這些產品是不是真正適合自己,避免盲目行為。這樣,你的投資理財就會和狼一樣永不失手。 可以學學狼,多選擇幾個適合自己的投資工具好好長期研究。比如說追求好老公股票或新好老公股票,並且要根據形勢及時調整和選擇更好的「洞穴」,這樣可以最大限度地化解風險,提高理財收益。					

不同投資性格適合的投資工具

理財測驗 動物類型	投資性格	追求的年 報酬率	適合的投資工具
黃牛	保守型 投資人	3~4%	低價銅板好股、定時定額買 ETF、定時定額買零股
田鼠	穩健型 投資人	5~8%	低價銅板好股、好老公股票、 ETF、ETN、黃金存摺、新股 大樂透
灰狼	積極型 投資人	9~12% ↑	好老公股票、新好老公股票、 新股大樂透

 善用投資複利，幫你年年錢滾錢！

投資報酬率的公式很簡單：

$$投資報酬率 = \frac{淨利}{投入本金}$$

講白話一點就是：

$$投資報酬率 = \frac{賺得錢}{投入的錢}$$

　　舉個例子，假設你花 100 萬買晶華酒店股票，一年後漲到 120 萬，然後把它賣掉，賺了 20 萬，那麼報酬率就是：20 ／ 100 = 0.2 = 20%

　　那假設每年都有 20% 的報酬率，過了 3 年後，股票就會變成 160 萬嗎？

　　正確答案：

▶ 原本 100 萬：

　　過了一年後會變成 100 × 1.2 = 120 萬

　　過了兩年後會變成 120 × 1.2 = 144 萬

　　到了第三年會變成 144 × 1.2 = 172.8 萬

　　其實這就是所謂的時間複利，複利就是我們會把每年生出來的錢，再加到原本的本金裡，成為新的本金後，再乘上報酬率，講白話一點，**「複利」就是「錢滾錢」，所以愛因斯坦才會說「複利是世界第 8 大奇蹟」**！

　　聰明人會選擇較高複利的投資理財工具，如果傻傻把錢存在銀行定存，就只能有 1% 左右的年利率，但也許你正處於 25 到 40 歲階段，距離退休還有將近 25 到 35 年時間，如果持續地、有計畫地累積財富，仍有機會累積豐富退休金。

　　以每月投資 1 萬元試算，若投資報酬率 5%，25 年可存598 萬元；若投資報酬率拉高到 10%，可存 1338 萬元。

想變有錢之前，先要知道 5% 複利代表著什麼？

存 10 年相當於銀行單利 6.2%
存 20 年相當於銀行單利 8.2%
存 30 年相當於銀行單利 11%
存 40 年相當於銀行單利 15%
存 50 年相當於銀行單利 21%
存 60 年相當於銀行單利 29%
存 70 年相當於銀行單利 42%

 小資族如果每月投資 10,000 元可以存的錢

報酬率	2.0%	5.0%	10.0%
10 年	134 萬	158 萬	210 萬
20 年	297 萬	417 萬	756 萬
25 年	389 萬	598 萬	1338 萬

CHAPTER 4

35 歲環遊世界的超強**理財術**

| 用好老公股票養你一生 |
| 跟老婆婆學習用黃金存摺存退休金 |
| 認識小資投資人的賺錢新歡 ETF |

「旅行是唯一讓你付出，卻能變得富有的事情。」

——網路作家 Jinna Yang

Part I
要聰明理財，也要聰明「理債」

　　小資族要學會聰明理財前，先來談聰明理債。其實理債並不難，難的是開始正視這件事，並且徹底執行；不過若是談到「理債」的相關專業，像是整合負債，或是債務協商等問題，相信許多年輕人都一頭霧水，等到真的碰上了債務危機，心急如焚時，若沒有對症下藥，甚至病急亂投醫，往往只會讓狀況雪上加霜。

　　現在就由 Dr. Selena 帶大家一步步學習聰明理債，踏上「0債人生」的開端！

借錢之前一定要先搞清楚的 3 種利息

　　要知道，借錢都是要負擔利息的，除了親人可以無償借你錢外，不會有人平白無故地大方借你，以平時最常見的房貸、車貸的利率來說，大約是年利率 2 ～ 3 ％左右，重點是在做這些決定時，要仔細去評估這個利率是不是你能負擔

的？它划得來嗎？千萬別因為覺得這些數字很複雜而懶得去算，要知道借越多、欠越多，**借錢一定會付出代價的！**

❶ 銀行貸款：利率大約 2 ～ 6%

　　舉凡房貸、車貸、學生貸款、信用貸款等，都是直接或間接跟銀行借款，這些貸款利率算是比較低的，大約介於 2 ～ 6% 不等，由於銀行沒辦法確定貸款是否收得回來，所以通常會要求有良好的信用、還款計畫或是不動產抵押品。

❷ 信用卡循環利息：利率大約 16 ～ 20%

　　前幾年的卡債風波，導致許多年輕人一不小心淪為卡奴，原因就是透支消費，先刷再說！年輕人不了解複利的威力，信用卡的循環利息高達 16 ～ 20%，所以如果一直循環，債務就像雪球一樣越滾越大，很多人都會覺得我明明才刷一點小錢，怎麼過幾年就欠了一大筆，但發現時，往往已經來不及，而淪為卡債之奴了！

❸ 地下錢莊高利貸：年利率超過 100%

　　今天借 100 萬，三個月後可能要還 200 萬，這就是地下錢莊的模式，這個年利率換算下來都是超過 100%，只要不小心借了，最後可能還不出來，而且還會被暴力討債，所以記得高利貸絕對碰不得！

債務可能造成的龐大支出

	1 個月	3 個月	6 個月	一年	兩年	三年	五年	十年
銀行利息	100.25	100.75	101.5	103	106.09	120	115.9	134.4
信用卡循環利息	110	116.7	123.9	139.5	176.9	224	360.9	1184
地下錢莊高利貸	115.6	152	231	535	2862	15315	438400	1921944500

（資料來源：CMoney 網站　銀行利息是以房貸年利率 3% 計算）

　　以上是假設以三種方式借了 100 元，過了一段時間後，要還多少錢？

　　從這個表中我們可以看出，假如跟地下錢莊借 100 元，10 年後竟然要還將近 20 億元！簡直比核彈還可怕，就算只借半年，也至少要加倍才能奉還，所以千萬不可向高利貸借錢！

聰明還債的 4 個小撇步

　　現在就來看看聰明還債的小撇步，找一個你比較上手的方式，試著執行至少 6 個月，你會發現**其實還債不難，最難的是開始還債！**

❶ 制訂完善還款計畫

聰明理債第一步，就是先清算目前所有積欠的債務，小至欠親朋好友的費用，大至欠銀行的信用卡債、信貸、助學貸款、車貸、房貸，先條列式地將所有債務都列出來。接下來，算出每個月的收入以及可以還款的金額。注意！在估算自己每個月可還款的金額時，必須要以「還款」為第一優先，如果一個月收入 5 萬，卻只撥 3 千還款，這樣可能會造成事倍功半的窘境！

理債第一步，就是先做到「還債脫貧」，其實方法很簡單，就是統計舊債、妥善做好還款計畫，了解目前收入、列出所有債務金額及利率，訂定還款目標，時時追蹤管理。

擬訂還款計畫：

$$
\begin{matrix} 每月 \\ 還款金額 \end{matrix} = \begin{matrix} 每月 \\ 總收入 \end{matrix} - \left(\begin{matrix} 每月 \\ 基本開銷 \end{matrix} + \begin{matrix} 生活 \\ 預備金 \end{matrix} \right)
$$

所謂「每月基本開銷」，就是每月花費的固定支出，例如伙食費、房租、水電費、通訊費、交通通勤費等等。為求精準記錄，可使用上個月記帳數字；至於「預備金」，則是為了避免收入與支出計算得「剛剛好」，卻出現不可控制的額外開銷，例如就醫等等害怕臨時沒錢可付的狀況。「預備

金」的金額可先參考上個月的娛樂費用支出。

　　只有了解手上可用資產及剩餘負債，才可以穩定節流，加速還款。有負債的人一定要透過這個還債基本公式，嚴守收入、支出分配原則，明確計算出每月可償還的金額，落實還款計畫，才能在短時間內脫離窮忙一族。

❷ 先打大魔王還債法

　　如果每個月卡費都只繳最低應繳，啟動循環利息變成債滾債，金額小的時候可能無感，但如果積欠的是幾十萬甚至上百萬時，利息其實非常驚人！所以，為免債務像雪球一樣越滾越大，債務越積越多，一定要**先從貸款利息最高的開始還清**。

　　首先，先了解每筆債務每個月的最低還款金額，如果一個月預計還款 15,000 元，其實不能平均分配，而是扣除每項的最低應繳之後，把剩下的錢都拿去還利息最高的那筆債務，等到大魔王消除後，接下來再全力對付利息第二高的債務……以此類推，這麼一來，還債就會變得有系統，一一把魔王打趴，還款也會更有動力！

❸ 成為斜槓青年想辦法增加月收入

　　許多年輕人在還款時碰到最大的問題就是：每個月都入不敷出，造成想還款卻很無力。其實這個問題的解決方法很簡單，就是想辦法讓自己每個月的收入多一點！所謂斜槓青

年，簡單來說，就是**利用閒暇時間兼職，讓自己有額外收入的人**。與其下班後看電視、追劇、玩手遊，不如做網拍、當兼職外送員或家教……，讓自己的收入更多一點！

❹ 找專業負債整合來幫忙

如果不知道自己積欠的債務該如何計算，不妨找專業的貸款公司，我的卡內基總經理班同學陳訓弘所經營的忠訓國際，多年來成功協助許多年輕人整合債務，向銀行爭取到**降低月付金並拉長還款年限**，大幅降低每個月還款的壓力！有時尋找專業、合法的貸款公司，可以更容易整合債務，同時還能輕鬆還款，這麼一來，擺脫債務、邁向財務自由之日就更近了一大步！

Part II
用股票賺到環遊世界的旅費

買賣股票與銀行定存及購買債券來做比較,是一種高風險行為,但同時它也能給人們帶來更大的收益。

買股票能帶來的好處具體實現在:

❶ 每年有可能得到上市公司回報,如分紅利、送紅股、股東會紀念品。

❷ 能夠在股票市場上交易,獲取買賣價差實現巨大收益。

❸ 獲取大的投資報酬率,能夠在上市公司業績增長、經營規模擴大時享有股本擴張收益。

❹ 投資金額具彈性,相對於房地產與期貨,投資股票並不需要太多資金。

❺ 變現性佳。股票當天賣出下一個交易日便能收到股款。

❻ 通貨膨脹時期,投資好的股票還能避免貨幣的貶值,有保值的作用。

當銀行的股東比當存戶好

定存與存股,概念上都是將資金投入在金融工具上,只

是兩者承擔的風險不同，一個為無風險低報酬（1% 左右），一個為中度風險較高報酬（5 ～ 7%）。想要加快累積速度，將定存的資金轉入存股是個理想做法。

我們另外以一個簡易 10 年的複利計算來比較，若兩者假設條件均為每年增加 10 萬元額度，且產生的利息均再投入本金內，經過時間的放大，兩者增加的金額差了 6 倍之多（請見下表）。更不用說在投資存股的過程中，除了配息以外，小資投資者還有獲得賺價差的機會。

 定存 vs. 存股，報酬差 6 倍

項目	1%	5%
每年增加本金額度	100,000	
投入期間	10 年	
投入本金	1,000,000	
累積金額	1,056,683	1,320,679
差額	56,683	320,679
增加幅度	5.67%	32.07%

（資料來源：今周刊）

我們就以小資族最愛的銀行股作為例子，來看看將一筆錢存在銀行，跟存在銀行股裡面，經過 10 年時間的報酬差異。

銀行存戶 vs. 股東，報酬差 25 倍

項目	定存	股東
投入金額	1,000,000	
期間	10 年（2009.01 ～ 2018.10）	
標的	銀行定存單 （每年連利息回存）	2880 華南金
		2891 中信金
		2881 富邦金
		2884 富邦金
		2892 第一金
終值	1,104,622	3,490,700
報酬率	10.46%	249.07%

（資料來源：今周刊）

從這兩張圖表資料來看，如果小資族將同樣一筆錢分別拿來當存戶與當股東，最終累積的金額相差了 25 倍之多。當存戶每年可以獲得無本金虧損風險的 1% 報酬，當股東雖然有本金虧損的風險，但是每年的資本利得與配息足以讓小資族將風險拋在腦後。

依我過去的經驗是：理財新鮮人先投入股市，自然就會有關心學習的動力。

理財新鮮人如何買股票

先去券商開個股票戶頭：身分證、印章。

在股票戶頭裡放一筆錢 。（先至少放個 3 萬吧）

在電腦或手機裡安裝股市軟體。（一般券商會免費提供下單軟體給你，但好不好用見仁見智）

開始看懂一些股票術語與常識，才能進一步吸收分析過的資訊。

理財新鮮人必學的 10 個投資股票基本概念

　　Dr. Selena 一開始在公司理財社開始上課的時候，好多公司的小資族們對股票等各種投資工具一竅不通，常常會問我許多很有趣的問題，比如大家在最初的時候會問我，股票要去哪裡買？ Dr. Selena 幫大家整理了股票新鮮人必須先要有的十大概念：

❶ 買股票第一件事：先開一個股票證卷戶

　　首先，你要先開立戶頭，各大證券銀行都可以開戶，記得選擇網路下單、語音下單、手機下單三種最常見的交易方式。各大證券所配合的銀行都不同，所以有可能需要再另外辦一本配合銀行的存摺，開戶前可以先上網或電話詢問。另外，每間證券行的手續費都不同，開戶前可以比較一下各家手續費，有些網路下單便宜，有些手機下單便宜。

來去證券商 - 開戶攻略

事前準備 →	去證券商 →	開戶 →	開戶完成
帶上雙證件、印章、千元鈔票乙張	選擇離家近或手續費合理的證券商，通常都會有配合的銀行	看清楚規章與細節，並仔細填單	取得證券存摺，現場才開銀行戶者，再獲得銀行存摺

❷ 了解股票漲跌的原因

　　所有東西的漲跌都跟市場的供需關係有很大關聯性，就是物以稀為貴的道理。舉一個簡單例子，如果颱風天過後，蔬菜供應變少了，菜就會變貴。一樣的道理，其實「股票」也是一種「商品」，當想買的人多於想賣的人時，股價就會上漲；相反地，想賣的人很多，想買的人很少，就可能會下跌。

　　巴菲特說，想靠股票賺錢的不二法則就是低買高賣，股票漲的時候會用紅色呈現，跌的時候會用綠色呈現，所以也可以記得「買綠賣紅」（也就是跌的時候買進，漲的時候賣出）這個簡單原則。

　　股票有漲有跌，但理財新鮮人知道當日股價也有最高和最低的限制嗎？股市新手又該如何觀察股票的漲跌幅呢？有網拍購物經驗的 OL 們都知道，除了直接依賣價下標外，有

時會出現 1 元起標的競價商品，結標時出價最高者就能把商品帶回家；這種競標的商品若強調限量或有名人加持，往往會引起許多網友瘋狂出價，結標的價格有時甚至超過商品本身價值。

股票的價格也是如此，某公司股票市場價格原本是 10 元，當許多投資人看好這家公司的前景想買進股票，而原本持有該股票的人因為惜售、或只願意以較高的價格賣出，例如賣方想以 11 元以上的價格把股票賣掉，那麼想買的人只好出價 11 元才能買到，股價就會從 10 元漲到 11 元了。反之，當股票市場上大部分的投資人都不想買入時，手中持有該股的人只能把價格降到 10 元以下求售，股價自然就會下跌。

❸ 股票分類？

台灣股票可分為四大類：【上市】、【上櫃】、【興櫃】、【未上市】。

　【上市】：指公開發行並於集中市場以開掛牌買賣的股票，會計年度 5 年以上。

　【上櫃】：公開發行但未上市、僅於櫃檯買賣中心買賣的股票，公司設立需達會計年度 3 年。

　【興櫃】：指已經申報上市者、但還未上市的普通股股票。

　【未上市】：不是上市或上櫃的股票，都可以稱之為未上市股票。未上市股票又分為兩種，一種

是「已公開發行」，另一種是「未公開發行」，兩者的區別在於公司的資本額（股本）是否超過兩億元。

 台股三大市場解密

市場	指數	最低實收資本額	漲跌幅限制	財報類型
上市	加權指數（大盤）	3 億	10%	季報／年報
上櫃	櫃買指數	5000 萬	10%	季報／年報
興櫃	無	無限制	無限制	半年報／年報

　　每天的股價基本可分為【漲停】、【跌停】、【開盤】、【平盤】，台灣政府為維持股市金融秩序，在上市及上櫃市場有設限每日最多漲跌幅為 10%，也就是說，如果金像電昨天收盤 18.8 元，今天最多漲 1.8 元，最多跌 1.8 元，所以今天可能的價格在 20 ～ 16 元之間。（注意！興櫃與未上市股票沒有漲跌幅限制喔）

　　➢ 【2368】【金像電】
　　【開盤或平盤價】18.80
　　【漲停價】18.80×1.1=20.6
　　【跌停價】18.80×0.9=16.9

❹ 台灣股票的計算單位？

基本上買賣是以【張】數做為單位，一張等於 1000 股，不足 1000 股稱為【零股】，零股為買賣在盤後交易，盤後交易是指台股收盤後的交易。

> 股價 1 塊錢＝新台幣 1000 元
> 股價 10 塊錢＝新台幣 10000 元

股票代號	股票名稱	股價	市值
2368	金像電	18.80 塊	18,800 元

❺ 台股交易費用

買賣股票時，除了股票本身的費用之外，這兩項費用一定要記下來：

▲ 證券交易稅（賣出才要付）：台股 3%，ETF 1%。
▲ 證券手續費（買賣都要付）：1.425%，台股不滿 20 元以 20 元計，興櫃不滿 50 元以 50 元計。

舉例來說，若小美賣出一張鴻海的股票 80 塊：
▲ 證券交易稅：$80 \times 1000 \times 0.003 = \$240$
▲ 證券手續費：$80 \times 1000 \times 0.001425 = \$114$

分類	台股上市櫃	台股興櫃	ETF
證券服務費 （買賣都要算）	1.425% （台股不滿 20 元以 20 元計）	1.425% （興櫃不滿 50 元以 50 元計）	1.425%
證券交易稅 （賣出才算）	台股 3 ‰	台股 3 ‰	ETF 1 ‰

❻ 台股精選小資族手續費最划算的 5 大券商

券商名稱	電子下單折扣	最低手續費	費用退回 制度
亞東證券	2.3 折	20 元	月退
台新證券	2.8 折	20 元	月退
新光證券	2.8 折	20 元	日退
土銀證券	3 折	20 元	月退
台銀證券	3.5 折	20 元	日退

（各家券商的條件都可能隨時隨行銷活動調整，以券商實際公佈為主）

Dr. Selena 股市小學堂

另外，電子下單的手續費幾乎都會有優惠，但各家券商優惠不同，若有疑問，可以向所屬的營業員確認。

手續費 3 折試算：$80 \times 1000 \times 0.001425 \times 30\% = \$34.2$

月退與日退的差別，是指將打折的手續費當日退還或是當月退還。

❼ 台股交割規定

買進股票前，證券戶要有足夠的錢，否則會變成違約交割。切記！台股交易是採「T+2」制度，也就是說必須在成交後第二個營業日上午 10：00 前將款項匯入開戶時所指定的交割帳戶，才可完成交易！假若違約交割，會在個人的信用證明留下污點。

❽ 台股交易時間

按證券交易所頒布的交易日，基本上市周休二日見紅就休市。

▲台股交易時間：開盤上午 9：00，收盤下午 13：30。

▲台指期貨交易時間：開盤上午 8：45，收盤下午 13：45。

▲盤後交易時間：14：00 ～ 14：30。（零股交易 13：40 開始）

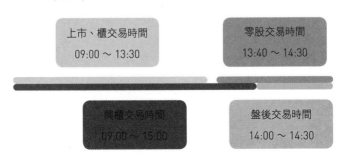

上市、櫃交易時間	零股交易時間
09:00 ～ 13:30	13:40 ～ 14:30
興櫃交易時間	盤後交易時間
09:00 ～ 15:00	14:00 ～ 14:30

❾ 台股的產業分類

有水泥類、食品類、塑膠類、紡織纖維類、電機機械類、電器電纜類、化學生技醫療類、化學類、生技醫療類、玻璃陶瓷類、造紙類、鋼鐵類、橡膠類、汽車類、電子類、半導體類、電腦及週邊設備類、光電類、通信網路類、電子零組件類、電子通路類、資訊服務類、其他電子類、建材營造類、航運類、觀光類、金融保險類、貿易百貨類、油電燃氣類、其他類、水泥窯製類、塑膠化工類及機電類等分類。

❿ 認識台股的三大法人

我們常常在報紙或雜誌上看到「三大法人」，但股市新鮮人一定一頭霧水，到底是哪三大？到底是哪些人？法人是人嗎？

所謂三大法人其實就是「外資」、「投信」、「自營商」，只看字面不容易了解，所以個別簡單介紹：

▲外資：泛指台灣以外的資金的外國機構投資者。

▲投信：投資信託股份有限公司的簡稱。

▲自營商：經過政府認可的證券公司，用自己的錢和證交所直接買賣。

月薪 23K 也買得起的低價銅板股

　　Dr. Selena 最愛的股票類別之一就是低價績優股，也就是每張股票約 10,000 元左台，比如說我長期持有的臺企銀、國票金及遠東銀，都是小資族輕鬆可以入手的賺錢股。

> **Dr. Selena 自創挑選「低價銅板股」的 5 個條件**
> ▲ 股價在 10 元附近
> ▲ 連續五年 EPS ≫ 0，年年都賺錢
> ▲ 每年穩定配股利股息，殖利率 ≫ 4%
> ▲ 本益比低於 12 倍
> ▲ 股價低於淨值（例如臺企銀的淨值 13，某種程度也隱含股票價值被低估了）

　　用這 5 個條件去挑選，相信大家都可以有機會找到會讓自己輕鬆賺錢的低價銅板股！我長期持有的國票金，目前股價低於10元，每年EPS大約0.8～0.9元，每年股利都在0.5～0.7 元間，殖利率 5% 左右，目前股價淨值 11.5 元，獲利很穩定，以下將它的獲利試算給大家看：

≫ 國票金獲利試算
　　買進 10 張國票金，買進股價 8 元，如果 9.5 元賣出：
　　8 元 ×1,000 股 ×10=80,000 元
　　9.5 元 ×1,000 股 ×10=95,000 元

今年配現金 0.546 元 ×10 張（10,000 股）=5,460 元（還不算盈餘配股 0.15 元）

獲利 15,000 元 +5,460 元 =20,460 元

報酬率：20460÷80000=26%

如果買進一張 8,000 元，可以賺 26%，比銀行定存 1% 還高出 25%，比定存多 25 倍的報酬率。因此就算月薪 23,000 元，每個月存 3,000，只要三個月就可以買一張低價績優股，年年輕鬆賺 26%！

Dr. Selena 股市小學堂

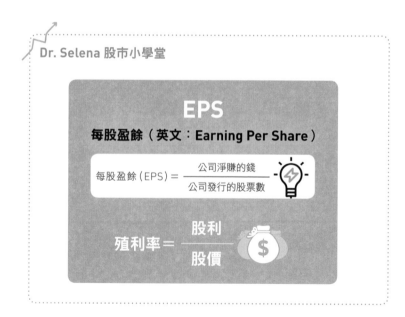

保守投資者最愛的定存概念股

這些年經歷了網路泡沫、金融海嘯、歐債危機，很多人在投資市場多年，最終卻發現自己的荷包大幅縮水，再加上這幾年台灣銀行的存款利率越來越低（目前定存利率約1%），所以近幾年台灣流行起「定存股」！

到底什麼股票才適合當「定存股」呢？定存概念股雖然本質上是股票，但概念上與我們常見的銀行定存是一樣的。定期存款是指將一筆錢存入銀行，某個時間點一到，銀行就會給予一定比例的利息；定存概念股的差別在於，每隔一段時間是給現金股利＋股票股利，轉換成報酬率後約有4～6%，投資報酬率更勝定存！

一般定存概念股，雖然報酬率優於定存，但相對也存在一些風險，持有期間長短，左右定存概念股風險大小。一般股票價格起起伏伏，雖然買進後的幾年不斷賺配息，但若賣出去的價格低於當初買進的成本，縱使賺了配息，卻賠了價差，其實是不划算的。如果長抱不賣，持續地賺配息，彌補價差的損失，就能降低此風險。一般投資定存概念股，重點是股息收入，但是要能夠填權息，每年股利所得才能安穩地放進口袋，而不至於最後「賺了股利，賠了差價」。

定存概念股的三大條件

▲ 連續 10 年 EPS ＞ 0
由於 EPS 的公式是：稅後淨利 ÷ 流通在外的股數
所以當 EPS ＞ 0 時，表示公司是有獲利的狀態，而在定存股
上，是要長期追求能穩定賺錢的公司，所以為了提高存股目
標的穩定度，這邊要求 10 年的 EPS 皆＞ 0，這條件表示，
能經過這層濾網的個股，是在金融海嘯洗禮下仍能持續獲利
的穩健公司。
▲ 近 5 年 ROE 平均值＞ 12% 並且每年差距＜ 3%
▲ 每年穩定配股利股息殖利率＞ 5%

Dr. Selena 股市小學堂

ROE ＝稅後純益 ÷ 股東權益

股東權益＝公司資產－公司負債

稅後純益＝稅前純益－稅金（公司真正所賺得的收入）

2019 年 7% 高殖利率存股清單

名稱 （代號）	股價	近四季 EPS	本益比	預估 股利	預估 殖利率	合理價
廣隆 （1537）	145.5	12.52	11.6	10.4	7.1%	152
祺驊 （1593）	40.5	3.78	10.7	3.3	8.3%	54.16
允強 （2034）	24.8	2.42	10.2	2.2	8.9%	32.4
英業達 （2356）	22.7	1.92	11.8	1.7	7.6%	31.4
技嘉 （2376）	41.1	5.15	8.0	4.2	10.2%	59.2
百容 （2483）	18.5	1.61	11.5	1.4	7.4%	26.8
根基 （2546）	25.5	3.41	7.5	2.6	10.4%	28.64
優群 （3217）	31.2	3.49	8.9	3.0	9.7%	32.2
崇越電 （3388）	72.5	7.28	10.0	6.1	8.4%	90.4
堡達 （3537）	26.5	2.78	9.5	2.5	9.5%	29.6
世坤 （4305）	33.45	3.09	10.8	2.7	8.1%	42.8
福懋科 （8131）	33.1	3.59	9.2	3.0	9.0%	33.2
好樂迪 （9943）	58.3	5.86	9.9	5.0	8.5%	80

用好老公股養你一生

台灣長期處於一種什麼都漲但只有薪水不漲的低薪狀況，除了被動等待老闆每年幫自己調薪少少幾 % 之外，不如積極學習每年幫自己加薪 2 個月的投資理財術，其中最重要的一招，就是學會用好老公股票投資理財！

在眾多投資工具中，我自己偏愛「好股票長期投資」的方式，但很多人問我，股票那麼多支，如何從中找到讓自己可以賺錢的好股票？大家都知道，女生一輩子最重要的一項選擇就是挑對好老公；一般女生對於理想老公的三高定義大多是：收入高、職位高、個子高，最重要的是有車、有房還要沒貸款，這樣的邏輯套用在選優質股票也適用，**選好股就像挑老公，要符合三高條件**，我挑選股票的祕訣，就是用多年自創的好老公股票選股法，也就是「三高一低原則」，找到讓自己賺錢而且賺進一生一世的好老公股票！

具備三高條件的好股票，第一要選出「高股東權益報酬率」，企業的股東權益報酬率越高，代表經營績效越佳；其次挑選「高殖利率」，就是近幾年來獲利穩定、配息穩健的公司；最後選出「高獲利」，就是選長期獲利公司，更能掌握獲利契機。最後再搭配一個低基期的指標， 就可以快速找出會賺錢的好老公股票喔！

Dr. Selena 股市小學堂
何謂三高一低原則？
EPS 高（連續五年大於 1 元）
ROE 高（連續五年高於百分之 10）
殖利率高（連續五年高於 4 ～ 5）
低基期：（一年內股價最高＋最低）÷ 2，平均價格低於 10%
（景氣循環股不適合這種低基期的算法）

以 Dr. Selena 心中的好老公股票「好樂迪」來解釋：

▲ EPS 高：好樂迪每年 EPS 都介於 4 ～ 5 元之間，這
幾年獲利狀況非常好及穩定。

▲ 殖利率高：好樂迪近幾年配現金股利 4 ～ 5 元附近，
殖利率介於 7 ～ 8 之間，也是很穩定的好股票。

▲ ROE 高：ROE 每年 >10，也是有不錯的 ROE。

▲ 低基期：好樂迪如果在 50 ～ 60 元時是相對低基期便
宜好股票，65 ～ 70 元就是相對高基期的股票，如果
要追求較高報酬率，當然買在 50 ～ 60 元時比較容易
賺到更多錢。

這些數字資料在證券 App 中都可以在每支股票的財務診
斷中查到。善用「三高一低指標」來篩選，就可以挑到「好
老公賺錢股票」！

高 ROE 股東權益報酬率

歷年平均統計值								
目前股價	成交價統計		EPS 均值		PER 統計		ROE 統計	
89.5 元	最低價	最高價	EPS	成長	最低	最高	ROE	成長
加權平均	51.13	88.82	10.41	+0.73	4.91	8.53	26.9	+0.1
一般平均	40.36	78.85	7.72	+0.69	5.23	10.22	24.7	+1
目前淨值	成交量統計		BPS 年均值		PBR 統計		ROA 統計	
56.39 元	最低量	最高量	BPS	成長	最低	最高	ROA	成長
加權平均	202	9,088	39.58	+2.99	1.29	2.24	12.1	+0.5
一般平均	183	8,744	30.11	+2.21	1.34	2.62	10.2	+0.6
18 年 EPS	獲利率統計		股票股利		現金股利		股利總和	
14.34 元	毛利率	淨利率	（元）	成長	（元）	成長	（元）	成長
加權平均	45.7%	42.3%	0.28	-0.06	5.11	+0.27	5.38	+0.21
一般平均	44.6%	39.3%	0.56	0	3.33	+0.31	3.89	+0.31

　　想要獲得良好的投資績效，必要功課就是追蹤心中好老公股票最新的業績狀況及相關訊息，才能知道是不是要繼續持有。公司業績越好，獲利越高，股價就會越高，所以每個月公佈上個月或上一季業績成長或創新高時，就會馬上反映在股價上；相反地，如果業績不好或獲利不佳，也會造成股價下跌。所以業績及獲利表現影響了未來股價的走勢。

　　股東權益報酬率（ROE）是衡量公司替股東賺錢的效率，**ROE ＝稅後純益 ÷ 股東權益**。股東權益報酬率，顧名思義就是公司拿股東的錢去投資的報酬率。所以一般來說 ROE

越高、公司越能替股東賺錢。股神巴菲特就很喜歡用 ROE
來挑股，因為 ROE 可以看出一家公司利用股東權益創造獲
利的能力好不好。當你購買一家公司的股票，你就是這家公
司的股東，ROE 數值越高代表獲利能力越佳，當股東的你可
享受的獲利就越多。巴菲特喜歡 ROE 15% 以上，但我覺得
台股有 8~10% 以上就可以考慮！

從台灣股市資訊網網站可以查詢到 ROE 等相關資訊：
https://goodinfo.tw/StockInfo/index.asp

 近 3 年股價高低點統計

統計期間		成交價	漲跌價	漲跌幅	當時融資	融資增減	增減幅
一年	高點	99.5 (18'06/06)	-10	-10.1%	4,317	-2,555	-59.2%
	低點	67.3 (18'10/26)	+22.2	+33%	2,953	-1,191	-40.3%
二年	高點	99.5 (18'06/06)	-10	-10.1%	4,317	-2,555	-59.2%
	低點	65.2 (17'08/25)	+24.3	+37.3%	3,442	-1,680	-48.8%
三年	高點	99.5 (18'06/06)	-10	-10.1%	4,317	-2,555	-59.2%
	低點	47.9 (16'05/16)	+41.6	+86.8%	2,809	-1,047	-37.3%

具有高股息的公司，就是近幾年來獲利穩定、配息穩健
的公司。那麼長期投資股票的報酬率是什麼呢？就是殖利率

要高於 5% 以上，殖利率當然越高越好！

假設花 50,000 元買一張 50 元的好樂迪，今年收到現金股利 5,000 元，換算成現金股利的年報酬率就是 5,000 ÷ 50,000 = 10%。

也就是說它符合：

▲ 高獲利：每年 EPS 大於 1 以上

▲ 低基期：（一年內股價最高＋最低）÷2 後平均價格低於 10%

為什麼要選擇連續 5 年都要發放的條件呢？因為價值投資之父葛拉漢曾說：「一間企業完整的營運週期約為 3 ～ 5 年，這段期間經過了完整的景氣循環週期，若公司在景氣很差的時候仍能發放不錯的股利，可見這個公司的營運沒有問題而且公司體質極佳，具有長期投資的價值。」

好老公股票保證賺錢的不敗心法

很多人買股票很不開心的原因是，常常賣掉之後，股票才拚命漲，而沒賣的股票卻一直跌，不管有沒有賺到錢，每天心情都不太好。這邊就來分享一下好老公股票保證賺錢的不敗心法——111、123 分批買進分批賣出。

Dr. Selena 股市小學堂

111、123 法則：

111 分批買進法：每當價格下跌 5 元、10 元或 10% 時，就買進 1 張

123 分批買進法：每當價格下跌 5 元、10 元或 10% 時，就買進 1 張、2 張、3 張

價格	111 分批買進法則	123 分批買進法則
75 元	1	1
70 元	1	2
65 元	1	3

　　以我長期觀察追蹤的好老公股票中租為例，我 2 ～ 3 年前就是用好老公選股術在幾千支台股中選到中租，當年中租 50 元時我就買進，等到漲到 80 元附近時，就先賣掉 50 元附近的中租；如果中租再跌回 70 元以下，反而可以再買回；但如果之後漲到 100 元，就賣 70 元的中租；這樣如果繼續漲到 110 元以上，手邊還有一張 70 元買進的中租，心中就不會太難過。

> **獲利試算（先不計算手續費＋交易稅）**
> **50 元買進，80 元賣出：**
> 50×1,000=50,000
> 80×1,000=80,000

80,000-50,000=30,000

70 元買進，100 元賣出：

70×1,000=70,000

100×1,000=100,000

100,000-70,000=30,000

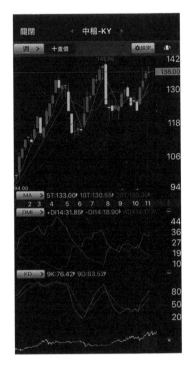

所以善用不同價位分批買進、分批賣出的方法，不管如何都會賺到錢，至少都可以賺到 4 ～ 5% 的股利，也比銀行定存高很多倍。（前提是挑選三高一低的好老公股票喔！）

用新好老公選股術每年加薪 2 個月

在 2019 年 1 月份台中新書分享會及 2 月台北國際書展上，我跟現場讀者分享新創的「新好老公選股」，用三高三低原則去挑選（現場聽到的人真有福氣），也就是說用好老公的三高一低＋二低。那時我分享了在 2018 年 11 月大跌時用這個選股買進了神達及寶成，現在不到三個月績效都非常好：

▲ 神達從 23 元漲到 32 元，漲幅超過 35%

▲寶成從 30 元漲到約 40 元，漲幅超過 25%

2018 年 11 月大跌時我逢低買進神達、寶成，都是因為他們都符合新好老公選股術，特別是神達，我發現神達 EPS 大約高於 3.5 元，本益比那時大約 6 倍，殖利率有 11%，重點是那時公司淨值 39 元左右，股價居然只有 23 元，所以大膽買進，果然今天漲到 30 元，真的太開心了！證明我的新好老公選股術真的非常有用。那 2 天分享會聽到的讀者如果有進場一定也賺錢了吧！

散戶或一般新手投資人想在茫茫股海中，快速挑選會讓你賺錢的股票，好好學會聰明選股很重要，「好老公」及「新好老公」可以協助你快又準地挑選出賺錢好股，讓你可以輕鬆靠投資賺到每年的旅遊基金，早一點實現環遊世界的夢想。

 近 3 年股價高低點統計

新好老公三高	新好老公三低
EPS 高（連續五年大於 1） 殖利率高（連續五年大於 5 ～ 6%） ROE 高（連續五年大於 8% 以上） ↑三高條件同好老公股	低基期（同好老公股條件） 低本益比（少於 10 倍） 低股價（股價低於淨值很多， 至少低 10% 以上）

Dr. Selena 股市小學堂
公司淨值指標代表的涵意

公司淨值為一家公司的總資產扣除總負債後的價值，亦即帳面價值，其計算方式為：

> 淨值（book value）＝ 總資產（total assets）- 總負債（total liabilities）

> 每股淨值 ＝ 淨值 ÷ 股本

一間公司的總資產，還掉負債以後，剩下的部分就是股東權益，理論上，淨值就是投資人擁有的價值，**所以當公司股價低於每股淨值時，則該公司股價可能被低估，若股價淨值比越低則在此情況下該公司甚至因此而有機會被併購。**

Dr. Selena 股市小學堂
股價淨值比代表的意涵

> 股價 ÷ 淨值 ＝ 股價淨值比（PB 值）

當股價淨值比 ＜ 1，代表現在比較便宜，就可以考慮買進；當股價淨值比 ＞ 1，代表現在比較貴。例如：淨值是 50 元，如果你用低於 50 元的價格買到，就認為是買便宜。
因此當股價低於淨值時，一般「通常」代表這間公司的股價被低估。換句話說，股價淨值比 [Price-Book Ratio 簡稱 PBR 或 PB] 低於 1 時，通常被認為買得很便宜。股價淨值比是投資股票可以參考的一個風險衡量指標。PBR 與盈餘成長性成正比，與風險成反比，與淨值報酬率成正比，實務上常把市價淨值比高的股票稱為「成長股」例如中租，把市價淨值比低的股票稱為價值股例如神達。

中租的股價淨值比參考圖

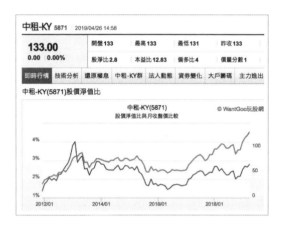

 神達的股價淨值比

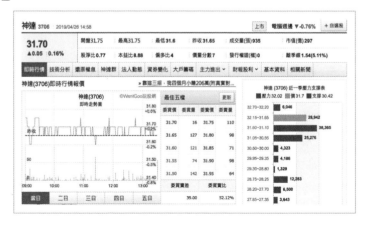

股神巴菲特長期主張的價值投資法，當一檔股票的價錢跌到了它真正價值以下，那就可以買了！因為他相信總有一天股價一定會回到真正價值！不過巴菲特可不是只有看股價淨值比，他最愛看的還是企業的 ROE 參考指標；如果淨值是一個股票有參考意義的指標的話，那股東權益報酬率（ROE，稅後純益 ÷ 淨值）遠比看 P／B 要重要的多。

▲ROE 越高 → 公司的股價淨值比越高 → 隱含公司股價越高

▲ROE 越低 → 公司的股價淨值比越低 → 隱含公司股價越低

最後提醒大家，運用「股價淨值比」來進行投資時，一定要先了解這檔股票過去的業績表現，以及相同產業的表現，了解相對關係後，才能好好的運用指標，投資得勝！

智慧篩選好股的網站及 App

很多人會詢問我，有沒有推薦的網站可以來篩選好股票，這邊幫大家推薦三個網站及兩個 App，可以輸入想要的條件來設定：

網站／App	網址
Cmoney	https://www.cmoney.tw/screeners/
財報狗	https://statementdog.com/screeners/custom
玩股網	https://www.wantgoo.com/
艾蜜莉定存股 App	
定存股：合理價與風險試算	

用手機 App 輕鬆下單

當股市新手開了證券戶，就可以開始來買賣股票了，建議可以用網路下單或手機下單會是最快又便利的方式，另外很多入口網站或是銀行證券公司都有提供會員網路下單的服務，大家可以選擇一個最適合自己使用的網路下單平台，在這邊我們用手機 App 來示範股票新手網路下單的服務介紹。

股票新手網路下單 step by step 教學

❶ **開始準備下單，登入自選報價清單**

進入證券 App，輸入帳號及密碼，接著按下「登入」按鈕，即可完成登入證券下單專區。

❷ **登入自選股群組**

❸ 委託下單確認

在委託下單確認畫面中，請先確認您欲下單的股票代號、

交易種類、價格及數量，確認完成後，按下「買進」按鈕。

❹ 委託下單確認

在委託下單確認畫面中，請先確認您欲賣出的股票代號、

交易種類、價格及數量，確認完成後，按下「賣出」按鈕。

證券下單專區

登入自選股群組一

委託下單確認買進

委託下單確認賣出

Part III
用特別股賺到環遊世界的旅費

 一次搞懂存股族、小資族都適合的入門特別股

　　近幾年台灣金融界突然掀起發行特別股的熱潮，也讓「特別股」這個在台灣股市裡很久沒有出現的名詞再次變成熱門關鍵字，前陣子是 2016 上半年的富邦特，2016 下半年的國泰特，還有去年初的台新戊特，且發行的年息率國泰金有 3.8%、富邦金 4.1% 以及最高的台新金 4.75%。

　　台灣的金融特別股堪稱存股族眼中的女神「林志玲」，10 檔已掛牌者，按 2019 年 9 月 6 日收盤價計算，檔檔利差（特別股股息殖利率）至少 3%，聯邦銀甲特、台新戊特、王道銀甲特甚至達 4% 以上。金融特別股受歡迎的原因是台灣的金控業與銀行業獲利穩定，每家幾乎都賺錢，且有能力賺到足額配發特別股股息；另外，相較台灣其他行業，「至少政府會撐著，不會讓它倒」，自然受到許多投資人的大力青睞。

10 檔已掛牌金融特別股報酬率

簡稱	掛牌日	每年擬配股息（元/每股）	特別股股息殖利率（%）	掛牌以來漲幅（%）
富邦特	2016/5/31	2.46	3.8	7.3
國泰特	2017/1/17	2.28	3.6	5.7
台新戊特	2017/2/10	2.375	4.2	11.8
聯邦銀甲特	2017/12/1	2.4	4.4	9.8
中信金乙特	2018/1/26	2.25	3.5	8.2
富邦金乙特	2018/4/23	2.16	3.4	5.8
國泰金乙特	2018/8/8	2.13	3.4	5.5
台新戊特二	2019/1/8	1.9	3.5	7.4
王道銀甲特	2019/1/9	0.425	4.0	5.0
中信金丙特	2019/5/6	1.92	3.0	5.0

註：殖利率按 9/8 收盤價計

（資料來源：證交所）

　　接下來，就花點時間幫大家整理一下特別股的相關資訊，讓大家可以簡單快速地了解究竟特別股是不是真的有這麼高的年息，是否可以讓大家安心地存股呢？

什麼是特別股

究竟什麼是特別股？既然都叫它「特別」股了，那麼到底特別在哪裡？要知道一般我們最常買進的台灣股票，也稱為普通股，就是享有一般股東權利，可以有表決權、領取股東會紀念品、股息等一般股東權益。

其實特別股又稱為優先股，擁有優先於普通股的權利，例如當公司分配股利，則特別股優先分配，如果公司倒閉清算時，優先於普通股分配剩餘財產，也可以公開交易，對比普通股則波動較小。

≫ 一分鐘認識特別股

特別股 = 普通股 + 債券

公司只發行一種股票時，此股票就是普通股；若公司發行兩種以上不同型態的股票時，當中若有股票提供持有者享有部分優先權利或是設有限制條款時，這種股票就是特別股。

此種股票股東在某些權利方面，較普通股股東享有優先權利，或受某些限制。

特別股 VS 普通股
▲享有股利分配優先權
▲公司破產或下市，享有剩餘財產分配優先權
▲發行公司自公開市場按一定價格贖回或按市價買回
▲股東會多無表決權

台股中有哪些特別股呢

簡單介紹完特別股之後，那就來看看台股中的特別股有哪些。目前台股中的特別股有：國喬特 (1312A)、中鋼特 (2002A)、富邦特 (2881A)、國泰特 (2882A)、台新戊特 (2887E)……等。

佢由於金管會近年都要求台灣的金控集團提高資本適足率，而債券資金來源不能當作金融機構的資本，而非累積特別股卻可以當作第一類資本，故許多台灣金控集團為了充足營運資金並強化資本結構，提高資本適足率，紛紛發行了特別股。從 2016 年富邦金打響第一槍之後，而國泰金、台新金、聯邦金與中信金隨後跟上，截至目前為止市場上總共有 7 檔屬於金融類的特別股，而發行價格依各家訂定為 50 或 60 元，其利率從 3.55% ～ 4.75% 不等，並且期限大都屬於 7 年期之特別股，也就是說 7 年之後公司有權利決定是否從市場上以發行價收回特別股。

Dr.Selena 股市小學堂

資本適足率即 Bank of International Settlement ratio；BIS ratio。以銀行自有資本淨額除以其風險性資產總額而得的比率。台灣銀行法規定，銀行的資本適足比率必須達到 8%，目的在規範金融機構操作過多的風險性資產，以確保銀行經營的安全性及財務健全性。

小資族或新手投資特別股的優點

投資特別股擁有配息穩、波動低、信評高三大投資優勢：

❶ **配息穩**：在配息方面，大多數特別股均有固定配息，即便在 2008 年金融海嘯期間，多數特別股仍持續保持配息不間斷。所有金融特別股的次級市場價格都高於發行價格，所有特別股投資人不但賺到股息也賺到價差。以富邦金甲特（2881A）為例，每年配給特別股股東 4.1% 股利，外加每股由發行價 60 元漲到 64.4 元，漲幅 7.3%，這樣的穩定又比較高的投資報酬率使法人資金趨之若鶩，紛紛拋棄普通股，擁抱特別股。

❷ **波動低**：特別股的股利率高且多為現金配息，根據 Bloomberg 最新資料，目前特別股的股利率為 5.73%，表現遠優於全球股市的 2.3%，然而從波動度的角度來看，近 5 年特別股的年化波動度僅為全球股市的一半，即便市況震盪，也有相對抗跌的表現。

❸ **信評高**：以國泰金為例，國泰金在 2018 年發行 420 億元的國泰金乙特（2882A），利率 3.55% 較定存高上 3 倍，就吸引壽險公司合計認購 167 億元就已將近 4 成，可說是吸金功力一流。其他認購者還有原股東、政府勞退基金、企業法人、個人等。

普通股股利會因公司每年盈餘變化而產生波動，例如今年配 3 元、明年配 2.5 元，而特別股股利相對穩定且可預測。

如果想追求長期穩定的報酬，特別股是追求穩定的小資族或退休族蠻適合的選擇。

名稱（股號）	發行日期	票面利率	發行價格	預估年領股利	發行公司	2018年上半年EPS（元）	2019年上半年EPS（元）	股價（元）（9/2收盤）	交易張數（9/2收盤）	換算殖利率	約定股息
聯邦銀甲特（2838A）	2017.10.24	前5.5年4.80%	50元	2400	聯邦銀（2838）	0.47	0.34	54.9	143	4.37%	2.40
台新戊特（2887E）	2016.12.28	前7年4.75%	50元	2375	台新金（2887）	0.67	0.68	55.9	132	4.25%	2.38
台新戊特二（2887F）	2018.11.30	前7年3.80%	50元	1900				53.6	129	3.54%	1.90
富邦特（2881A）	2016.4.22	前7年4.10%	60元	2460	富邦金（2881）	2.9	2.7	64.4	172	3.82%	2.46
富邦金乙特（2881B）	2018.03.16	前7年3.60%	60元	2160				63.5	62	3.40%	2.16
國泰特（2882A）	2016.12.08	前7年3.80%	60元	2280	國泰金（2882）	2.71	2.45	63.4	405	3.60%	2.28
國泰金乙特（2882B）	2018.06.27	前7年3.55%	60元	2130				63.3	151	3.36%	2.13
中信金乙特（2891B）	2017.12.25	前7年3.75%	60元	2250	中信金（2891）	1.12	1.01	64.7	4	3.48%	2.25
中信金丙特（2891C）	2019.04.03	前7年3.20%	60元	1920				62.7	12	3.06%	1.92
王道銀甲特（2897A）	2018.11.29	前5年4.25%	10元	425	王道銀行（2897）	0.21	0.3	10.45	232	4.07%	0.43
裕融甲特（9941A）	2018.10.16	前5年4.00%	50元	2000	裕融（9941）	4.16	4.61	54.3	24	3.68%	

因此，對小資投資人而言，投資特別股不僅可賺取固定收益，當未來股價上漲時，還有機會賺取資本利得，在當前全球景氣不明，同時又有國際政經不確定性干擾的環境下，特別股可說是新手投資者進可攻、退可守，提升投資效率的最佳利器。

小資族或新手投資者如何購買特別股

特別股新發行的時候，可以去新股申購專區做申購；或是當你買普通股時，公司有時候會開放認購特別股，但認購的股數是會有限制的！

小資族或新手投資族特別要注意，投資特別股的 4 個小細節如下：

❶ 是否可以累積股利：要注意，購買可以累積股利的特別股，當投資的公司年度虧損不配發股利時，也會將特別股股利累積下來，等將來有盈餘的年度時補發，並且優先於普通股；如果是不可累積的特別股則虧損就不用發放，未來也不會補發。

❷ 是否可以參加普通股盈餘分配：可以參加的特別股，當公司在分配完特別股和普通股股利後還有盈餘可分配時，如有加發股利，特別股就可享受到。不可參加的特別股就是只領取每年的固定股利。

❸ 是否會被收回：如果是會被收回的特別股，公司可以按約定的時間到之後，依原發行價格將股票強制收回。反之則公司不行強制回收。

❹ 是否可以轉換為普通股：可以轉換的特別股，就是可以依一定比例將手中的特別股轉換為普通股持有。不可轉換則不行轉換為普通股。

　　以上是特別股相關的基本介紹，以及選擇特別股時要特別注意的 4 個細節，如果一開始完全沒有弄清楚，說不定會突然沒有領到股息以及被強制收回，而覺得投資後受騙上當，這些細節都是學員們要特別花時間去注意，新手投資者千萬不要看到配息是定存的好幾倍，就二話不說衝動去買了！

定時檢視好股票的 5 大指標

　　當你會用三高一低好老公選股術或低價銅版股買進股票後，記得要定時去追蹤這一家公司的相關發展，其中最重要的一件事就是至少每一年定時查看這家公司的財務報表，因為財務報表裡資訊相當豐富，可以看的當然不只前面提及的幾個指標，不過這些還是要回歸到我們的投資目的。如果想看較完整的數據，可以到證交所的公開資訊觀察站，輸入股票代號或公司名稱，就會列出近期簡明財務資訊。當然，財務報表內容透露出許多更詳細的經營資訊，逐漸熟悉財務報表架構之後，就可以開始進一步深入解讀。公開資訊觀測站上的「電子書」服務，可以依年度查詢與下載最新的完整財務報表與財測資料。

　　證交所的公開資訊觀察站網址：

　　http://mops.twse.com.tw/mops/web/index

❶ 指標 1：掌握公司的相關新聞

投資一家公司後，要定時關心一下這家公司的相關新聞，因為新聞可以知道這家公司目前的經營現況或未來發展！

:: 公司近期發布之重大訊息

日期	主旨
108/05/09	玉山金控受大和國泰證券邀請進行海外路演行程
108/05/07	公告本公司暨子公司108年04月自結盈餘
108/04/25	玉山金控代子公司玉山銀行公告捐贈予玉山志工基金會
108/04/24	玉山金控代子公司玉山銀行公告董事會代行股東會重要決議事項
108/04/24	本公司代子公司玉山銀行公告107年度盈餘分派案之除息基準日
108/04/24	本公司代子公司玉山銀行公告董事會決議盈餘轉增資發行新股
108/04/24	公告本公司董事會決議108年股東常會行使日期暨召集事由
108/04/24	玉山金控代子公司玉山銀行公告擬申請發行108年度無擔保一般順位金融債券，發行上限新臺幣100億元整(或等值外幣)。
108/04/23	本公司代子公司玉山證券公告董事會代行股東會重要決議事項
108/04/23	本公司代子公司玉山證券公告107年度盈餘分配案之現金股利除息基準日

❷ 指標 2：瞭解公司每季財務報表狀況

:: 營收資訊　　　　　　　　　　　　　　　　　　　　　　　　　單位：新台幣仟元

本年迄今累計營收	去年同期累計營收	累計營收成長率
17,806,062	16,403,986	8.55%
108年04月營收	去年同期月營收	月營收成長率
4,335,471	3,968,722	9.24%
108年03月營收	去年同期月營收	月營收成長率
4,559,702	4,244,663	7.42%
108年02月營收	去年同期月營收	月營收成長率
3,918,140	3,527,590	11.07%
108年01月營收	去年同期月營收	月營收成長率
4,992,749	4,663,011	7.07%

查看一家投資企業的損益表的目的在於，損益表可以
清楚傳達出該企業一段經營期間（可以是每年或每
月）的營運狀況，顯示出這一段時間內的企業收入；
以及為了賺取這些收入，企業所花費的資源。透過閱
讀分析損益表，投資人能了解該如何評估績效、控管
成本與擬定未來的投資目標。

❸ 指標 3：掌握每一年配股配息的訊息

當我們投資購買公司一家公司的股票，其目的就是為
了共享公司的獲利，公司每年是否會穩定的配發股利
是決定是否投資這間公司的重要因素，所以可以用股
利的角度來挑選好股票。

❹指標 4：掌握內部人購買的狀況

春江水暖「經理人」先知，所謂內部人，就是指公司的董監事或經營團隊，公司未來發展得如何，這些內部人一定會事先知道！如果近期內部人買最多的股票，這些也暗示了公司經營團隊對自家公司未來非常有信心及看好，也是一個可以觀察的重要買進參考指標。台灣近期上市櫃公司股東會旺季登場，有催化台股行情，其中最清楚營運狀況的公司經理人會大幅先加碼、宣示看好自己的公司發展。

❺指標 5：法人持股的變化

台股的三大法人包括自營商、投信及外資，其中外資是著眼於中長線布局，參考價值因此最大，投資人解讀外資進出的訣竅。從外資三大法人持股比例越高，代表公司經營得到外資三大法人的認同度越高或是長期看好，像大家都知道的台積電外資持股比例就高達 80%。因為外國有很多國家的主權基金因台股的殖利率高，所以長期持有許多臺灣積優的好股票。

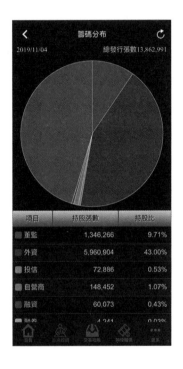

 三大法人買賣

日期	買賣超					估計持股				持股比重	
	外資 (不含自營商)	外資 (自營商)	投信	自營商 (自行買賣)	自營商 (避險)	單日合計	外資	投信	自營商	單日合計	外資%	三大法人%
2019/05/17	-1,849	0	-39	-242	1	-2,129	1,027,945	9,730	1,272	1,038,947	79.71	80.56
2019/05/16	-192	0	2	-831	0	-1,021	1,029,879	9,770	1,513	1,041,162	79.86	80.73
2019/05/15	-778	0	0	10	0	-768	1,030,065	9,768	2,345	1,042,178	79.88	80.82
2019/05/14	-2,054	0	-123	205	21	-1,951	1,030,895	9,768	2,335	1,042,998	79.94	80.88
2019/05/13	-1,384	0	-116	-25	0	-1,525	1,032,949	9,891	2,109	1,044,949	80.10	81.03
2019/05/10	-3,273	0	0	-139	1	-3,411	1,034,223	10,007	2,134	1,046,364	80.20	81.14
2019/05/09	-1,766	0	80	-3	-13	-1,702	1,037,499	10,007	2,272	1,049,778	80.45	81.40
2019/05/08	-635	0	-1	85	1	-550	1,039,349	9,927	2,288	1,051,564	80.59	81.54
2019/05/07	-250	0	-2	1	-9	-260	1,039,967	9,929	2,202	1,052,098	80.64	81.58
2019/05/06	-425	0	0	-10	-14	-449	1,040,468	9,931	2,210	1,052,609	80.68	81.62
2019/05/03	-57	0	-2	5	-5	-59	1,040,724	9,931	2,234	1,052,889	80.70	81.64
2019/05/02	173	0	1	-30	3	147	1,040,781	10,311	2,234	1,053,326	80.71	81.68
2019/04/30	-416	0	-1	-6	1	-422	1,040,494	10,310	2,261	1,053,065	80.68	81.65

一般投資人如何解讀外資買超或賣超的**趨勢**？經過 Dr. Selena 長時間研究發現，通常外資買超或賣超的訊號約落後股價一個星期，也就是當外資開始買超時，股價不一定會上漲，甚至還會下跌；不過，當外資持續買進大約一個星期後，股價往往會有不錯的表現。

所以一般投資人不需要在外資一開始買超時就急著跟進，可以持續觀察一個星期再決定也不遲。 同樣地，如果外資在高檔出現賣超，也不代表馬上就要下跌，股價通常還有高點可期；但是當外資持續賣超一個星期後，就表示該股價下修的壓力會日漸沉重，此時再跟隨外資做出脫動作。

了解美元走勢對台股影響

2019 年貿易戰持續延燒，近期美中貿易戰越演越烈，加上美國總統川普上週又意外宣布將對墨西哥進口商品加徵 5% 關稅；美債殖利率曲線進一步倒掛，讓市場對全球經濟衰退的擔憂加深，受到避險情緒推動，日圓上週五表現強勁。全球投資者對避險需求隨之升溫，日圓兌美元走強，一度觸及 1 美元兌 107.84 日圓，為 2019 年 1 月中旬以來最高水平。

大家要知道美元為全球主要貨幣之一，美元的未來走勢

影響全球的經濟走向，對台灣股市及匯市也影響巨大，了解美元走勢對台股影響、就可以買股票隨時賺，所以大家一定要注意近期受到國際美元續強影響。

這幾年美元兌台幣區間 29 元到 33 元之間，如果美金走勢弱的時候，台幣大約在 29 元附近。這時台股的走勢相對會比較強，因為外資可以一邊賺股票，一邊賺匯差。

相反地，當台幣弱勢時，美元走強，台幣兌美元會在 31 ～ 33 元之間。美元強勢，台股通常較弱勢，因為外資這時會將在股市賺到的台幣換美元匯出，所以當美元走升時就要特別注意。加上 5 月是報稅季節，通常台股比較不會有好的表現。這時高殖率的股票比較會有表現機會，一方面大家想參與除權除息的機會，另外一方面會變成資金的避風港。像好樂迪 2018 年配 5.4 元現金，殖利率高達 7 ～ 8% 以上，近期價格也從 50 元漲到 70 元，就是因為高殖利率的原因。

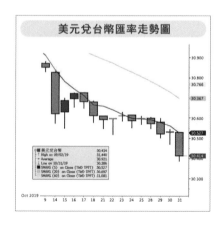

Dr. Selena 股市小學堂

什麼是殖利率曲線？

殖利率曲線是一個金融學重要的概念，基本上可以說明債券殖利率與到期期限（maturity）之間的數量關係，在正常情況下，期限越長的債券，需要越高的利率以吸引投資人，以補償在期間內的不確定性風險。

為何殖利率倒轉可能帶來擔憂？這可能是由於過度緊縮的貨幣政策阻礙經濟成長，帶來短期利率高漲，或是投資人對未來經濟成長的憂慮，刺激避險需求，造成長期利率的下跌，亦有可能是兩者同步出現。

✈ 了解匯率與台股的關係

相信很多人都只會在要出國時才會去關注匯率走勢，但其實匯率和一個國家的經濟表現強弱也非常有關係，連帶地，當然也會影響到整體股市表現狀況。小資族或新手投資者如果想在股市投資勝利，賺進大筆的財富，就要搞懂匯率與台股的關係。以下整理了一些資料，讓大家對匯率有個基本的概念。

❶ 什麼是匯率？

匯率是兩種貨幣兌換的比率（價格）。例如，美元 ÷ 新台幣 =0.32，表示 1 元的新台幣，可以換 0.32 美元。通常我

們看到的匯率，會以 1 單位外幣可以兌換多少新台幣來表示。

匯率表

幣別	即期買匯	即期賣匯	現金買匯	現金賣匯
			資料更新時間：2019/10/31 上午 11:30:00	
美元	30.3540	30.4540	30.1340	30.6740
歐元	33.7550	34.1550	33.4750	34.4350
港幣	3.8500	3.9100	3.8100	3.9500
英鎊	39.1030	39.5030	-------	-------
日元	0.2771	0.2821	0.2746	0.2846
澳幣	20.9170	21.1770	-------	-------
加幣	23.0170	23.2170	-------	-------
新加坡幣	22.2480	22.4480	-------	-------
瑞士法郎	30.7090	30.9090	-------	-------
紐幣	19.3220	19.7620	-------	-------
瑞典幣	3.0960	3.2160	-------	-------
南非幣	1.9500	2.1100	-------	-------
人民幣	4.2880	4.3480	4.2180	4.4050

（圖片提供：日盛銀行）

　　上圖中的「現金匯率」是指銀行買賣現鈔時用的匯率，因為銀行持有現鈔，會有一定的成本，所以價格自然較高。

　　「即期匯率」則是指外幣存款帳戶要轉存到新台幣存款， 或是你收到的外幣匯款要轉存成新台幣存款，或是新台幣存款要轉存到你的外幣存款時，所使用的匯率。

❷ 何謂台幣升值／貶值？

　　我們來了解台幣升值和貶值是兩個相對的概念，當台幣對美元升值，表示台幣是變貴了，也就是說擁有 1 元新台幣

可以換到更多美元；這也代表美元對台幣貶值，1 美元可以換到的台幣變少了。

❸ 台幣升貶值對經濟的影響

那到底台幣升貶值對經濟的影響有那些？可能有人也有聽過「台幣升值有利進口，台幣貶值有利出口」。我們以國際貿易的角度來說，台灣從美國進口東西，要付出美金，所以一旦台幣升值，可以用較少的台幣換到等價的美金（也就是買東西比較便宜）。相對地，如果台灣出口東西賣到美國，則會收到美金。所以一旦台幣貶值，收到相同數量的美金，可以換更多的台幣，出口商可以賺進更多的收益。

但就出口產業而言，還要考慮主要貿易競爭對手國的匯率的變動情況如何。例如，2008 年下半年當台灣對美元強力貶值，但同屬亞洲出口國的韓國同樣強力貶值，如此，即使台幣大貶對出口競爭優勢提升就不明顯了，因為競爭國韓國也大貶值，就不一定有競爭優勢。因此，除了單純的匯率升貶問題外，也要考慮其他問題，包括升、貶值速度是緩慢的還是快速的？通常，如果匯率屬於緩慢升或緩慢降的情形，對產業影響就不大，因為企業有足夠的時間可以做好因應匯率變動的措施。

❹ 台幣升貶值會影響台灣股市走勢嗎？

以過去幾年的經驗來看，每當台幣升值，台股都是上漲居多。因為台幣升值，全球資金將會流入台股，增加台股資

金動能，有利台股走勢變強！

❺ 台幣升值有哪些股票可能受惠呢？

在進口物料方面，當新台幣升值時，企業的進貨成本減少，獲利能力提升，有利股價上漲；所以當台幣升值，受惠的類股族群包括食品、紡織等大宗物資族群或一些原物料股，如小米、黃豆、玉米等進口成本將會下降，提高獲利。

另外一些內需股、營建及資產概念股也將同步受惠，如擁有廣大土地資產的台肥，因台幣升值將讓營建及資產帳面價值提升。

但相對地，台幣升值對於外銷出口業（如電子業、航空運輸業、壽險業）則有不利影響。因為一旦台幣升值，貨款兌換成台幣反而出現匯兌損失，至於壽險業則是因海外資產價值下滑而受害。

 台幣升值可能受惠概念股

大成（1210）　　遠東新（1402）
統一（1216）　　新紡（1419）
佳格（1227）

❻ 台幣貶值有哪些股票可能受惠呢？

　　相反地，當新台幣匯率貶值時，廠商的進貨成本提高，獲利能力降低導致股價下滑。銷售額的部分，當新台幣貶值，銷售額因匯差而增加，有利於股價上漲。新台幣匯率升值，銷售額因匯差下降股價下滑。外銷出口業與航空運輸業是因廠商收錢都是收美元，以下舉幾檔可能因台幣貶值而受惠的概念股給大家研究研究。

 台幣貶值可能受惠概念股

電子業	航空運輸業
台積電（2330）	台船（2208）
鴻海（2317）	長榮（2603）
嘉聯益（6153）	華航（2610）
和碩（4938）	陽明（2609）
仁寶（2324）	大榮（2608）

Part IV
用零股賺到環遊世界的旅費

化「零」為整的投資利器

　　一般的投資專家常常告訴我們：「公司的價值通常會反映在股價上」，既然如此，如果想要投資高價值的好公司股票，需要準備的資金也就非常的多。在台灣普遍薪水不算高的現代，零股是很適合小資族的投資模式，把它當作儲蓄一樣，慢慢買進，時間久了也能湊齊一張完整的好公司股票哦！

　　其實有很多人不知道，股票的買賣，除了用一張（1,000股）為單位外，可買賣的最小單位是 1「股」，稱為「零股」，有了零股市場以後，除了操作的彈性變高，我們也不用被限制一次只能買一整張股票，而可以用較少的金額去買昂貴的股票，這對資金不多的小資族來說，可是相當合適的新手入門投資方式！

　　以大家最熟的台積電為例，假設是 240 元的股價，光是要買一張就要 24 萬！對剛出社會每月才領 2 ～ 3 萬的小資

族來説，根本買不起；但透過零股交易，即使是 1 股也能買進。也就是説，只要你手上有 240 元，你也能買進台積電的零股進行投資，這樣一來操作的彈性也就增加許多了！零股適合小資族，可以 1 股 1 股買，不需要花一張股票的價錢就可以買進。

 零股交易時間

股票市場	盤中交易	盤後交易
交易時間	9:00~13:30	13:40~14:30 （14:30 一次成交）
交易單位	最少 1 張 （1,000 股）	整張交易：最少 1 張 零股交易：1~999 股

 買零股的好處

台積電 （假設股價：$240）	一般交易	零股交易
最低交易單位	1 張 （1,000 股）	1 股 （單筆最高 999 股）
最低成交金額	$240,000	$240

（※以上金額皆未含手續費）

可能用更便宜的價格買進

　　除了符合小資需求擁有彈性的成交金額以外，零股交易

還有另外一個好處，也就是小資投資人「有機會」用比收盤價還便宜的價格買到股票！因為零股交易是屬於「盤後交易」，但又和一般盤後「定價交易」不同，是會重新決定價格的！

假設今天某股收盤價 $ 100，零股的成交價卻不一定會等於 $ 100 ！（但通常也不會離收盤價太遠）

一般狀況下，若股票很強勢，零股成交價會略高於收盤價；若股票較弱勢一點，則可能略低於收盤。

台股的零股交易是投資人自行下單（下單時間為下午 1：40 ～ 2：30），並於下午 2：30 一次撮合，股票標的不受限；下單時你可自行決定委託價，但如果最後成交價撮合失敗就不會成交。若想利用零股下單定期買進股票，自己要有計畫地執行，因為不像「定期定額買股」較被動且具規律性。

零股可自行決定買進委託價、交易標的多、交易日期彈性；定期定額無法決定買進價、交易標的少、交易日期受限。若想穩當獲利，仍須認真研究找出理想標的，再選擇適當交易方式（明年將開放盤中買賣零股）。

盤後交易	定價	零股
交易時間	13:40~14:30 委託掛單 （14:30 一次成交）	
交易單位	最少 1 張 （1,000 股）	1~999 股
成交價格	當日收盤價 （固定）	重新競價、搓合 （可能變動）

只要買得到，都是好股

很多人可能會問，零股應該怎麼出價才能買得到心中好股？其實重點真的是要先「買得到」！

要知道零股交易屬於盤後交易，從 13：40 開始就可以委託掛單，直到 14：30 時會由系統撮合一次成交！因為是系統撮合，就需要特別注意，委託的價格是否有機會成功買進？

舉例來說，今天某股收盤價 100 元，可以把委託價位設定在 102 ～ 103 元左右，代表你願意出較高的價格買進，假設市場上其他人買賣單都掛在 101 元，那麼系統就會判定你的買單優先成交哦！

關於零股成交價，可以參考台灣證交所的零股交易行情單。

 零股交易行情單

108年08月30日 零股交易行情單

🖨 列印 / HTML　⬇ CSV 下載

單位：元、股

證券代號	證券名稱	成交股數	成交筆數	成交金額	成交價	最後揭示買價	最後揭示買量	最後揭示賣價	最後揭示賣量
0050	元大台灣50	34,894	571	2,855,802	81.85	81.80	20,603	81.85	16,894
0051	元大中型100	400	8	13,960	34.91	33.27	1,128	34.91	2,041
0052	富邦科技	107	3	6,086	56.90	56.90	5,328	57.10	1,528
0053	元大電子	0	0	0	–	35.83	1,199	–	0
0054	元大台商50	0	0	0	–	22.50	1,599	–	0
0055	元大MSCI金融	284	2	5,140	18.10	18.10	1,715	18.23	977
0056	元大高股息	15,578	163	425,055	27.29	27.29	67,274	27.30	14,635
0057	富邦摩台	0	0	0	–	51.80	1,099	52.25	39
0058	富邦發達	0	0	0	–	45.21	1,121	–	0
0059	富邦金融	0	0	0	–	46.26	1,258	46.70	103

不要一次買太少

目前的股票市場上，手續費為成交金額的千分之 1.425%，但是幾乎大部分的券商都有「手續費最低 20 元」的低消門檻，其中當然也包含了零股交易！

也就是說，如果你的成交金額不夠高，那就會以最低手續費 20 元來計算。值得留意的是，雖然交易金額小是零股的優勢，但同時也是它的劣勢，手續費計算、下單技巧之所以重要，為的就是避免獲利被額外費用給吃掉。

以目前多數電子下單手續費 6 折來說，成交金額只要在 23,990 元以下都不會超過 20 元手續費門檻！

假設今天有一檔股票，股價為 200 元，購買不同零股的手續費計算如下：

購買股數	10 股	100 股
成交金額	200×10 = $2,000	200×100 = $20,000
手續費	$20	$20
佔成本比例	1% （$20÷$2,000）	0.1% （$20÷$20,000）

相差 10 倍

從圖中可以看到，同樣都要支付 20 元的手續費，但如果今天只買 10 股的話，就有 1 % 的獲利被手續費吃掉了，對於小資新手投資者，這樣換算下來可是一點都不划算！但

若站在小資族的立場，其實零股交易的存在，一定程度地給予我們更多的機會，能夠在這個股票市場中進出獲利！

零股交易範例說明

範例：

2 月 10 日，Joyce 買進（2330）台積電 200 股，成交價為 200 元，2 月 12 日應交割多少金額？

說明：

台積電股票 1 張換算股數為 1,000 股，每股成交價為 200 元

Joyce 欲買進 200 股的台積電，成交價為 200 元 ×200 股 =40,000 元

買進手續費的金額為 40,000×0.001425=57 元

所以 2 月 12 日應交割金額為 40,000 元 +57 元 =40,057 元

200 元 ×200 股 =40,000 元

40,000×0.001425=57 元

40,000 元 +57 元 =40,057 元

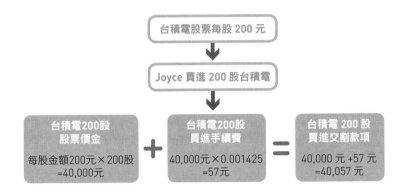

Dr. Selena 股市小學堂

Q：零股可以參加除權息嗎？

A：可以的；

將上年度應分配給股東的股票股利從股價中扣除，稱為除權；應分配給股東的現金股利從股價中扣除，稱為除息。買零股也等於是股東，除權息時照樣能領股利，按庫存持股比例分配權（息）值。

Q：零股是否具有股東會紀念品領取資格？

A：大部分的公司零股都能領取股東會紀念品，但有的公司是不能的。只是有些公司的股務代理機構，不會直接寄發給零股投資人「股東會通知單」，因此想參加股東會、想領紀念品，都要去「補單」，變得比較麻煩。

Part V
用定期定額買股票
賺到環遊世界的旅費

 定期定額，每月 1000 元就可以買台積電

　　定存儲蓄仍是台灣大部分的成年人最常使用的投資工具，只不過目前是低利率時代，一年定存利率在 1% 上下，扣除了國內的物價膨脹率（CPI 年增率）1.07%，幾乎所剩無幾，所以如果只是把辛苦賺來的錢放在銀行定存也是白存。

　　隨著台股萬點行情持續加溫，蔡政府不斷祭出如當沖降稅等政策，希望能夠吸引更多的年輕人加入股市，金融市場注入一股活水；但是對於大多數的年輕人來說，之所以會萌生想要投入股市的念頭，**「薪水太低」無非是最主要的原因！**既然賺得不多、存得不多，甚至連生活費都不夠了，又哪來的錢去買大多數以「萬」元為計算單位的股票呢？

　　因為台灣股市遲遲不能回到過往千億元以上的月均量，於是政府跟各家券商商討，開放「定期定額」買股的政策，目前已經券商配合，開放小資或新手投資人「定期定額」買

股，最低門檻跟買基金一樣，每月扣款 1,000 元！

近期，各大券商紛紛推出定期定額買零股等小資方案，每個月最低的投資金額限制，約從 1,000 ～ 5,000 元不等。雖然新手投資者或小資族群現階段可選擇的投資組合尚不豐富，大部分還是以**組合式 ETF、或是台灣 50 的成分股**為主，但**手續費相較於一般零股交易，會比較划算一點**！而且可以自己選擇扣款日期，算是同時兼具股票以及基金的好處。

目前共有 9 家券商（元富、兆豐、國泰、凱基、華南永昌、富邦、元大、永豐金、日盛證券）開放「定期定額」買股，各家所開放供投資人定期定額買股的標的略有不同，投資人事先存入資金，再由券商於指定扣款當日買進股票，成交價與股數視券商實際交易狀況而定；投資最低門檻為每月 1,000 元，可從券商規定日期選擇扣款日。

這種交易方式兼具股票及基金的特點，只是並非所有股票都能買，各券商開放標的都不同，可仔細比較。以下提供一份**金額限制以及手續費都較低的券商清單**，讓各位小資族們在選擇時可以多加比較，綁定較符合理想投資組合的券商！

假設你是在股市相對高點進入市場定期定額，那你更應該理解，股市不會永遠上漲，經由長期的定時定額扣款，你會在經過一個景氣循環後（通常是 5 ～ 8 年），看到自己長期投資的成效，定期定額扣款者，你要看的是未來 5 年甚至 10 年的報酬，甚至是 20 年以上，而不是只看短期的波動，

在股市相對低點時就因為恐懼擔心帳面上的停扣，事後來看，其實都是小資族或新手投資者加碼投資的好時機。

 股票檔位價格表

	富邦證券	元富證券	元富證券 ETF	凱基證券	國泰證券	元大證券	華南永昌	永豐金證券
最低手續費	1元/筆（限定富邦推出的ETF）	1元/筆	1元/筆	5元/筆	20元/筆	20元/筆	20元/筆	20元/筆
最低金額	1,000元	1,000元	3,000元	3,000元	3,000元	1,000元	3,000元	3,000元
加價級距	1,000元	1,000元	1,000元	1,000元	1,000元	1,000元	500元	1,000元
可選股票	24檔ETF、5檔投資組合	所有上市櫃個股（含ETF）	12檔ETF	150檔個股、20檔ETF	47檔股票	15檔股票、5檔ETF	35檔ETF	5檔個股、5檔ETF
指定買進日	6日、16日、26日	任一天	6日、16日、26日	3日、13日、23日	6日、16日、26日	6日、16日、26日	8日、18日、28日	6日、16日、26日
交割銀行	富邦銀行、中國信託銀行	無須指定交割銀行	新光銀行	凱基銀行、台新銀行、中信銀行	國泰世華銀行	元大銀行	華南銀行	永豐銀行

（資料來源：各證券商網站，資料時間：2019年6月）

我們以元大證券可以提供定時定額買股的投資標的提供給大家參考，可以選擇以下的投資標的來進行每月定時定額買股的投資約定：

代碼	商品	屬性	產業地位
0050	元大台灣 50	ETF	台灣資產規格最大 ETF
0056	元大高股息	ETF	穩定配息的 ETF
006206	元大上證 50	ETF	代表上海市場前 50 大績優權值股的 ETF
00721B	元大中國債 3-5	ETF	佈局中國債和政策性金融債的債券 ETF
00739	元大 MSCI A 股	ETF	跟隨 MSCI 完整納入 A 股新經濟產業及金融產業
3711	日月光投控	個股	全球最大 IC 封測集團
1301	台塑	個股	台灣最大塑化集團、亞洲最大 PVC 生產商
2308	台達電	個股	全球第一大電源供應器製造廠
2317	鴻海	個股	全球最大 EMS 電子專業代工廠
2330	台積電	個股	全球第一大晶圓代工廠
2356	英業達	個股	全球知名 NB 代工廠
2382	廣達	個股	全球第一大 NB 代工廠
2395	研華	個股	全球市占率最高的工業電腦品牌
2412	中華電	個股	台灣電信業龍頭
2454	聯發科	個股	全球智慧型手機晶片大廠
2548	華固	個股	大台北區建商、以中高端住宅為主
2891	中信金	個股	台灣資產規模前四大金控公司
6239	力成	個股	全球前五大封測廠
8069	元太	個股	全球電子紙龍頭廠
8299	群聯	個股	全球第一大 USB 控制 IC 設計公司

　　另外也可以上各大證券的台股定期定額試算，算出每月如果投資多少錢，可以買進多少股或是投資報酬率大概多少。網路上有很多工具都是非常方便新手投資者的！

台股定期定額試算頁面

（圖片提供：日盛銀行）

　　購買零股與整張股票一樣，都需要先開好證券商的股票帳戶。**開完戶之後，需要再簽署一份「零股定期定額同意書」**。這部分可以在手機上或臨櫃簽屬，完成後就可以開始設定扣款了！詳細購買的步驟，可以 GOOGLE「元富小資零股」，參考這個理財平台。

Part VI
用新股大樂透賺到環遊世界的旅費

第一次投資新股大樂透就賺錢

2018 年世足賽時,身邊許多朋友們都投入了運動彩券的投注,希望可以藉由這樣的機會,替自己發一筆小財;其實平時就有一種小資族可用小錢投資的方式,就是新股申購。股票抽籤可以低於市價的價格買到即將上市的股票,抽籤一次只要繳 20 元手續費,就有機會可以從中賺取不錯的價差,真的非常划算!

「股票抽籤」的正式名稱為「股票申購」。當一家企業決定要以發行股票來籌資的時候,會以比市價低的價格賣給投資人,吸引大家的資金,這個價格稱為「承銷價」。

這裡所指的「新股」,其實包含著正準備上市、上櫃的股票和目前已上市、上櫃的增資股票,由於承銷商為了股權分散目的與吸引投資人認購,通常會以低於市價(上市或未上市之價格)的價格供投資人抽籤,也因此不同的個股會有不同的價差。

股票抽籤（新股申購）

抽籤日期	代號	公司	發行市場	申購起日	申購迄日	撥券日期	承銷張數	承銷價	收盤價	報酬率(%)	纖細	申購張數	需有多少錢才能抽	適合條件	中籤率(%)
2019/09/04	4572	駐銘	初上市	08/29	09/02	09/10	781	140	167.4	19.57	27,400	1	140,070	0	0
2019/09/03	5291	邑昇	上櫃增資	08/28	08/30	09/11	255	16.5	26.9	63.03	10,400	1	16,570	46028	0.55
2019/08/30	4977	眾達-KY	現金增資	08/26	08/28	09/09	425	65	92	41.54	27,000	1	65,070	149992	0.28
2019/08/29	4576	大銀為系統	初上市	08/23	08/27	09/04	2570	56	94	67.86	38,000	1	56,070	238731	1.08
2019/08/22	3049	和鑫	上市增資	08/16	08/20	08/30	6650	13.5	13.9	2.96	400	1	13,570	20639	32.22
2019/08/20	8936	國統	上櫃增資	08/14	08/16	08/28	1700	18.5	18.4	-0.54	-100	1	18,570	4128	41.18
2019/08/19	4557	永新-KY	現金增資	08/13	08/15	08/27	442	56	69.6	24.29	13,600	1	56,070	85457	0.52
2019/08/19	6238	勝麗	上櫃增資	08/13	08/15	08/27	595	107	125	16.82	18,000	1	107,070	78316	0.76
2019/08/16	3630	新鉅科	上櫃增資	08/12	08/14	08/26	2125	82.8	103	24.4	20,200	1	82,870	139624	1.52

（https://stock.wespai.com/draw）

　　以大銀為系統 (4576) 來說，申購時的承銷價為 56 元，而市價 (2019.8.29) 為 94 元，價差 38 元。表示若抽中，一張成本價為 56,000 元，至撥券日時若市價還是 94 元，則能以 94,000 元賣出，中間賺取 38,000 元的價差！

　　因為新股的承銷價通常低於市價很多，所以有許多獲利的空間，根據統計，近幾年的新股中籤機率平均大約在 9% 左右（當然中籤率有高有低，可至證交所網站查詢詳細資料），而平均每檔新股大約能賺取 10,000 元左右的價差（中籤率低，通常能享有較高的報酬率；中籤率高，通常報酬率就較低）。看來想要賺錢「嘸撇步」，新股抽籤便是最好的選擇了！

　　依機率來算的話，參加 66 檔抽籤，花 1,320 元，就有機會抽中 6 檔新股，報酬大約 60,000 元，這不就相當於中了樂透彩的五顆星嗎！

　　可能有人會有一個想法：既然抽籤可以輕鬆賺到價差，

那就分別去 10 家券商開戶，用不同券商的戶頭去進行申購，這樣就可以增加中獎機會；但股票申購講求的是「公平性」，也就是說，一個身份證字號只能申購一次，就算用多個戶頭分別申購，也只有第一個申購的會成功。所以不論你是散戶還是大戶，這個規則都是非常公平的。

那麼，小資族要怎麼開始進行股票抽籤呢？

新股申購的方法

❶ 打電話給你所屬的營業員，請他幫你申請股票抽籤

❷ 用 App 做申購

以永豐金證券 iLeader 的申購專區為例，在上面可以看到目前有哪些股票可以進行申購，開始日、截止日以及價差多少，還可以設定提醒，讓你不會錯過申購的日期唷！

最後，申購股票成功後，會先收「預繳款」，分別是 20 元手續費、該檔股票的承銷價及申購成功後會收取的 50 元郵資。如果幸運中籤，先前券商所預扣的金額就不會再還給投資人，在撥券日時可獲得股票一張。(抽籤日到撥券日間仍有 8～12 天的作業時間)

反之，如果投資人沒有抽中股票，券商則會退回當初所預扣的承銷價與 50 元郵寄費用，但手續費 20 元依然會被扣除。

Dr. Selena 股市小學堂

小資理財實戰教室：step by step 學新股抽籤

若欲進行股票申購作業，可點選【股票申購】。

★選擇「申購狀態」，點選【查詢】，可查出符合條件的股票
申購資料。

★點選【我要申購】，即可進行該股票的申購申請作業。

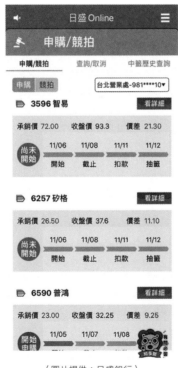

（圖片提供：日盛銀行）

新股抽籤的訣竅

請參照上圖畫面，為您解釋如下：

❶ 先從「開始日」及「截止日」確認抽籤申購期間，以免錯過喔！

❷ 從「昨收」及「實際承銷價」可以看出目前價差有多少、值不值得參加該檔股票抽籤。建議您可以依價差報酬率來尋找適合自己申購的股票，建議如下：

個人投資屬性	積極	穩健	保守
價差報酬率	15% 以上可申購	20% 以上可申購	30% 以上可申購

因為從申購新股到中籤後的股票撥券會有大約一週的空窗時間，而這一週的大盤動向將會對新股上市後的走勢有著很大的影響，因此股票上市後價格並不一定會上漲到當初申購時的未上市價格。所以建議您依自己的投資屬性來申購新股，讓風險降到最低，獲利的機會達到最高。

最重要的祕訣是，如果小資族手邊的資金充裕的話，建議可以用家人的戶頭一起參加抽籤（當然要合法啦），多一個戶頭抽新股，就能提高中籤率，增加賺錢的好機會！

其他新股申購相關注意事項

❶ 網路申購期間為申購起日凌晨 0：00 至申購迄日下午 2：00。

❷營業當日申購資料於下午 2：00 傳送至交易所，傳送後將無法取消，下午 2：00 後的申購資料視為次一營業日之申購。

❸申購人可於抽籤日當天下午 8：00 後，查詢是否中籤。

Part VII
用投資黃金賺到環遊世界的旅費

 跟老婆婆學用黃金存摺存退休金

　　2001 年至 2011 年的大波段榮景過後，黃金市場已經空頭近 8 年，但自去年 11 月終於止跌回漲。市場傳言，2020 年金價將突破 2,000 美元，投資人入手的時間點到了嗎？

 10 年黃金價格走勢圖

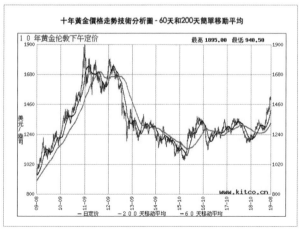

　　回顧黃金近幾年走勢，從 2018 年 1 月開始，黃金價格從每盎司 1,311 美元開始起漲，最高曾在 1 月 25 日達到 1,360 美元，卻在 4 月以 1,351.45 美元止步回跌，直到 8 月 17 日金價跌至 1,180 元後，才開始緩慢回漲。

　　從 2018 年 11 月起至 2019 上半年這一波金價漲幅，原因為何？市場上多有風險派的分析師，大喊 2020 年金價有機會上看 2,000 美元，過往金價的大波段榮景，會隨著這波漲勢再次到來嗎？

 2 年黃金價格走勢圖

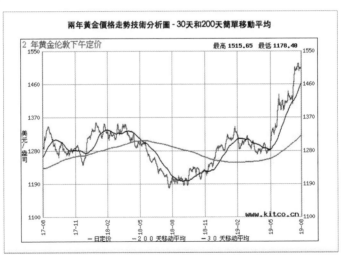

2019 年市場仍有許多無法預期的風險：中美貿易戰、川普政府關門、英國脫歐等等，這些因素讓全球經濟及股市發展難以預測，但也因為這樣，使「黃金」又再度成為顯學。根據世界黃金協會的統計數據，2018 年全球央行大量儲備黃金，購入達 651.5 噸之多。可以預期 2019 年及 2020 年各國央行還是會持續購入黃金，所以黃金價格應該還有上漲空間。

　　黃金是各國央行在外匯儲備重要的一部分，對一般小資投資人而言，投資黃金可以短打獲利，也可當作避險。

 1 年黃金價格走勢圖

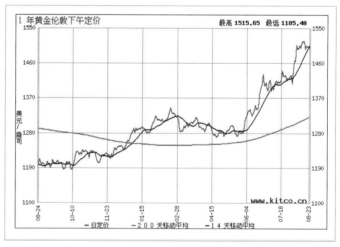

黃金專家指出，從需求面來看，影響黃金需求面的主要因素有 2 個，一為全球民間消費，二為全球央行的外匯儲備。目前黃金的消費性需求前 3 大國家分別為：中國、印度、美國，而中國跟印度在 2016 年到 2018 年這 3 年狀況差，造成黃金需求面比較弱。但隨著新興國家景氣轉好，消費性的需求會越來越大。

至於「外匯儲備」因素，目前市場說法是大部分新興國家希望用幾年時間做調整，讓外匯準備中的黃金比例占比達 1 成，這影響到兩個層面，除了讓外幣準備多元化之外，也表示黃金可能成為新一代貨幣角力戰中重要的準備資產。以歐洲央行（ECB）為例，準備的標準比例為 25%，而目前台灣的黃金存量佔外匯儲備 5%，中國為 2%，這也呼應了未來各國官方對黃金需求將緩步成長。

再看到基本面，也就是黃金的供給面，2018 年黃金的總供給量只增加了 0.59%，以長期來講黃金的供給量應是一路往上增加，所以去年的狀況幾乎等於沒有產量。

細心的投資人會發現到，過去黃金價格與美元或是股市大多呈現反向關係，通常美元、股市漲，金價就下跌；但現在卻是：**股市漲、黃金漲，美元漲、黃金也跟著漲**，這就是反應投資人「雙邊都押寶」的心態，龐大的避險型買盤源源不斷湧入金市，讓金價居高不下。

傳統賺黃金財的管道很多，老一輩的人會買飾金、金條，但是這樣的花費高，而且有保管問題。所以近幾年已有黃金

撲滿、黃金存摺出現,每月只要新台幣 1,000 元就能參與,門檻低了很多。不但可積少成多慢慢存金,累積的黃金存摺也能回售變現,或提領黃金現貨,對未來有需求的人相當方便;而且黃金存摺操作很靈活,除了可定期定額,也能單筆買進。

　　一般來說黃金兼具商品和投資工具兩種特性,所以市面上可供小資投資人交易的,又分為「實體黃金」與「非實體黃金」兩種。像電影中常會出現的金塊,就是實體黃金的一種,又稱為「黃金條塊」;其他的實體黃金還有「流通式金幣」、為了特定事件或紀念日發行(例如每年中央銀行發行的「12 生肖紀念幣」)、以及飾品店會販售的「飾金」(也就是我們常拿來當飾品的金項鍊、金戒指)等。

　　而「非實體黃金」則是以存摺或憑證記錄黃金買賣的投資方式,最常見的就是「黃金存摺」,其他還有「黃金基金」、「黃金礦脈公司股票、黃金認購股權」、「黃金期貨」、「黃金 ETF」、與「黃金債券」。

 買黃金的 7 個好處及 5 個風險

好處	風險
❶ 隨通膨而不斷增值	❶ 市場規模較小
❷ 抵抗通膨和景氣動盪	❷ 交易管道不多變現不易
❸ 幾乎沒有稅賦問題	❸ 價格波動大行情不易掌握
❹ 資產保本保值	❹ 金價採美元報價有匯兌風險
❺ 世界通行	❺ 價格和國際行情連動,資訊會有落差!
❻ 資產可以避險	
❼ 不易崩盤	

(參考資料來源:早安財經文化《黃金這樣買就對了》)

　　因為「黃金」成了資金的避風港，金價穩穩地守在高點，表現獨強。黃金具抗通膨、保值、避險功能，應視為民眾的理財商品，透過降低定期定額手續費，鼓勵民眾多投資，也建議民眾資產組合中，可配置 10 ～ 15% 來投資黃金存摺。

　　黃金存摺有 3 大特性，投資門檻低、申贖便利及操作靈活性。因此黃金存摺非常適合許多不懂也懶得理財的小資女投資，長期下來也有機會變身小富女。未來看起來黃金的長多趨勢既然沒有改變，就該用「資產配置」的概念納入黃金，也就是應該站在建立防禦型與避險型資產的立場，逐步投資黃金。所以定時定額投資黃金存摺是我個人建議投資黃金最好的方式之一。

　　黃金存摺的價格主要受國際金價波動及新台幣兌美元匯率影響，因此想要投資黃金存摺，就必須先了解國際金價趨勢，以建立操作策略。

❶ 上網站注意財「金」消息

　　黃金存摺與黃金撲滿最大差別在於，黃金存摺是單筆投資，或是每月固定扣款日的定期定額投資；黃金撲滿則將每月買進金額平均分散至每個營業日投資，因每日投入的複利效果不同，加上長期投資，更能達到風險分散的效果。黃金存摺的價格主要受**國際金價波動**及**新台幣兌美元匯率**影響，因此想要投資黃金存摺的人，就必須先了解今年國際金價趨勢，以建立操作策略。

黃金存摺牌價

| 黃金存摺牌價 |

| 新臺幣牌價 | 美元牌價 |

黃金存摺牌價表(新臺幣)　　　　　盤數：第014盤　掛牌日期：2019/08/30　更新時間：15:00:00

品名/規格		1公克	100公克	250公克	500公克	1公斤	1台兩
黃金存摺 (新臺幣TWD)	賣出	1,550	-	-	-	-	-
	買進	1,531	-	-	-	-	-
黃金存摺轉換黃金條塊應補繳款	新臺幣 (TWD)	-	1,376	2,595	4,187	6,472	-

❷ 黃金存摺是什麼？3 千元就能買黃金

　　小資女或許會問：「什麼是黃金存摺？也可以像銀行存款存摺一樣生利息嗎？」其實，黃金存摺就如同銀行存摺一樣，當妳買賣黃金時，是以「存摺」來登錄買賣交易紀錄，這是將實體黃金紙上化，由銀行集中保管黃金，所以黃金存摺是具有百分之百變現性的黃金商品。當妳需要實體黃金時，隨時都可以向銀行轉換提領；但是和存款帳戶不同的是，存款是依利率計算利息收益，黃金存摺並沒有利率，當然也不會有利息產生，黃金存摺之所以會產生獲利或虧損，完全是來自於買賣黃金的差價。

　　黃金存摺投資門檻很低，單筆買賣最低單位僅需 1 公克。以 1 月 9 日台灣銀行黃金存摺買進價格每公克約 1,300 元台

幣為例，妳買 1 公克，等於只要花不到 1,300 元台幣的資金。
以下為各家銀行黃金存摺的開戶手續費的相關比較：

各項手續費	台灣銀行	兆豐銀行	華南銀行	台灣企銀
開戶	臨櫃申辦 100 元 直接透過網路銀行申辦 50 元　勝	臨櫃申辦 100 元 尚未提供網路銀行申辦	臨櫃申辦 100 元 尚未提供網路銀行申辦	臨櫃申辦 100 元 直接透過網路銀行申辦 50 元　勝
單筆申購（每次 1公克起）	本人帳戶扣款，無手續費			
定期定額（每月 3,000元起）	不論扣款是否成功，均收取 100 元	尚未提供定期定額方式申購	臨櫃交易：不論扣款是否成功，均收取 100 元 網銀交易：不論扣款是否成功，均收取 50 元	臨櫃交易：不論扣款是否成功，均收取 100 元 網銀交易：扣款成功時收取 50 元　勝

（詳細資料請洽各銀行）

❸ 黃金存摺要怎麼投資？

　　想擁有黃金存摺，必須到銀行開戶，目前本國銀行有台灣銀行及兆豐銀行開辦黃金存摺業務，皆以台幣計價，購買最低單位為 1 公克。黃金存摺是可以轉提領黃金現貨，也就是可以實際領到金條，但黃金帳戶則不行。

　　擁有黃金存摺後，**開戶後有 3 種交易方式**，小資女投資黃金可以選擇單筆、定期定額或黃金撲滿投資，小資族投資人可視自己需求，將錢分成數筆操作，以黃金現貨價格每盎司 1,280 美元為支撐的基準點，當黃金從 1,300 美元跌至 1,280

美元左右，就慢慢單筆往下買；若下跌到 1,250 美元至 1,265 美元之間，再陸續分批承接。

單筆買賣：最低交易單位 1 公克

每次買賣最低交易單位為 1 公克，超出 1 公克部分須按 1 公克的整倍數增加，除非是將帳戶餘額全數回售給台銀或註銷帳戶者，才不受最低交易單位 1 公克的限制。例如，妳可以買進或賣出 2 公克、3 公克，但是不能買進或賣出 2.5 公克

【範例】假設向銀行買進的價格為每公克 700 元台幣，賣回給銀行的價格為 800 元，則每公克可獲利 100 元台幣；反之，如果買賣價格相反，則每公克虧損 100 元。

定期定額投資：最低交易金額 3 千元

每月定期自動扣款買進黃金，並存入黃金存摺帳戶內。在開戶時，須選擇每月固定扣款日期（6 日、16 日、26 日，任選一日或數日），每次固定扣款金額最少要 3,000 元，且須為 1,000 元的倍數。

【範例】假設在每個月 16 日固定扣款買進 5,000 元，但不能買進 4,500 元，且不能低於 3,000 元。

黃金撲滿：一次扣款、分日買進

這也是定期定額投資概念，只不過黃金撲滿的成本是以每月平均價格為準，而非以每月一天或少數幾天價格為準。黃金撲滿採取「月初扣款、每日買進、月底入帳」

做法，在每月第一個營業日一次扣除當月買進金額，平均分配於當月每一個營業日第一次掛牌的銀行賣出價格買進黃金，在每月最後一個營業日再將這些買進的黃金匯總，一次入帳掛在黃金存摺帳上。

【範例】假設在 2018 年 10 月買進黃金 3,000 元，營業日共 22 天，銀行即會在 10 月 1 日扣款，將 3,000 元分配在這 22 天平均買進黃金，累積 22 天共買進 3.51 公克，在 10 月 31 日時，再把這 3.51 公克黃金存入黃金存摺帳戶內。

❹ 黃金存摺的投資配比策略

黃金作為小資族投資資產配置的一環，其具有避險、儲蓄的功用。不過，黃金存摺雖稱存摺，但卻不會計息、也不會配息（生小黃金），小資族只能賺價差而已。在資產配置上來看，黃金只能算是衛星配置，所以占比不需太多。

專家建議一般當投資組合風險為中等時，會配置 5 ～ 6% 的黃金用於避險，以防對市場看走眼；而當投資組合風險較高，則會改為配置 8 ～ 10% 的黃金。投資黃金可停利不停扣，獲利超過 10 ～ 15% 就買回，一旦市場超漲則可暫時停扣。增加扣款期數或增加扣款額度，長遠累積下來的複利威力，可是不容小覷的喔！

Part VIII
用投資 ETF 賺到環遊世界的旅費

 小資投資人的賺錢新歡

　　ETF，指數股票型證券投資信託基金，簡稱「指數股票型基金」，是近期小資投資人非常喜愛的投資工具。如果把股市比喻為市場，ETF 就像是一個菜籃，把市場上優質的好股票都放進來，讓投資人去市場時不用想要買什麼，直接買菜籃就可以了！

　　之前財經雜誌曾報導知名作家王文華早在 2003 年就開始買 ETF，打算抱個 30 年，當作退休老本。ETF 投資方式簡單，幾乎適合每一種投資人，不管是對大盤趨勢判斷有心得、沒時間研究個股、投資金額有限，或是擔心風險過度集中的小額投資人，甚至是作策略交易、資產配置的專業投資人，都很適合。

　　根據美國統計資料顯示，如果投資人長期持續投資 ETF 達 20 年，勝率高達 97%，年化報酬率落在 5 ～ 7% 間。看

似平實的笨方法，卻是很適合小資投資族的懶人理財術。

　　近來台灣投資人越來越瘋 ETF，一方面因為台股上了萬點以上投資操作難度升高，許多投資人為選股傷透腦筋，ETF 因為透明度高、風險分散、成本低且買賣方便，被冠上「懶人最佳投資工具」的稱號，逐漸獲投資人青睞。

　　目前很多券商都提供 ETF 定期定額業務，3,000 元起即可投資，適合資金有限的小資族，其中 0050 及 0056 都是非常受台灣投資人歡迎的 ETF，以下為 2018 台股十大熱門 ETF，提供給大家參考！

2018 年台股十大熱門 ETF

1	台灣 50 ETF（0050）
2	元大高股息（0056）
3	元大滬深 300 正 2（00637L）
4	元大台灣 50 反 1（00632R）
5	富邦 VIX（00677U）
6	國泰納斯達克全球人工智慧及機器人（00737）
7	國泰中國 A50（00636）
8	國泰臺灣低波動 30（00701）
9	台新 MSCI 中國基金（00703）
10	群益 NBI 生技（00678）

　　在決定買哪一檔 ETF 之前，要先花點時間想三件事。首先，要問自己投資台股 ETF 是想讓自己的錢長大，還是每年有一筆不錯的利息收入？其次，可以接受多大的市場波動，也就是能接受賠多少？最後，這筆錢是短期投資，還是長期

存退休金？這三件事情想清楚了，才能決定哪一檔 ETF 比較適合自己。搞清楚自己的投資目的，就能明確挑出符合目標的 ETF。

台灣 50 ETF（0050）最貼近台股大盤，投資這檔 ETF 的目的就是希望能掌握台灣經濟與產業的成長脈動，讓自己的錢能隨著經濟或產業成長而長大；高股息則相反，主要是希望每年的現金股息越多越好，至於錢會不會長大，並不是主要目標。

投資 0056 ETF 年年賺 10%

我的朋友 Patty 有自己一套聰明的理財法，自 2010 年起，因為手中存有一筆錢，所以開始投資，她的策略是將這筆錢分拆為 24 份，每月固定時間進場買同一檔股票，但只要賺 10% 就停利，停利後再按照資金總規模，分拆為 24 份繼續投入。以此循環，結果至今這筆錢多出了 50%。這幾年來，儘管市場來來去去，Patty 不曾因為沒抓到飆股而懊惱，更不曾為了跳水股而心慌，更棒的是，她的存款幾乎是一暝大一吋！

原來 Patty 買的是一個穩健的投資標的，風險像銀行定存一樣低，但可預期的報酬率又比銀行定存高，那就是（0056）「元大高股息基金」！

「元大高股息」投資的是台灣前 150 家公司中、預期未來 1 年現金殖利率最高的前 30 名，簡單來說，就是前 30 名配股票利息配最多的公司。所以想要穩穩領利息的人，可能就會想要投資這檔 ETF。

 元大台灣高股息基金持股明細

元大台灣高股息基金　持股明細							
股票名稱	持股(千股)	比例	增減	股票名稱	持股(千股)	比例	增減
國巨	5,377.00	5.16	-0.87%	興富發	15,054.00	3.15	+0.11%
瀾泰全	14,255.00	4.20	+0.31%	緯創	29,642.00	3.12	+0.29%
京元電子	27,155.00	3.92	+0.32%	光寶科	14,383.00	3.04	+0.41%
神基	19,305.00	3.81	+0.23%	和碩	13,634.00	3.02	+0.17%
潤泰新	21,071.00	3.79	+0.21%	廣達	12,059.00	2.88	+0.03%
微星	10,671.00	3.78	-0.05%	英業達	31,579.00	2.87	-0.15%
台勝科	8,655.00	3.75	-0.22%	華碩	3,212.00	2.77	-0.17%
南亞科	11,694.00	3.48	-0.12%	聯強	17,263.00	2.70	-0.01%
瑞儀	7,107.00	3.41	-0.14%	大成鋼	16,578.00	2.67	-0.41%
佳世達	40,116.00	3.40	+0.20%	美律	4,197.00	2.59	-0.01%
台泥	20,857.00	3.39	-0.21%	力成	8,159.00	2.59	-0.30%
技嘉	14,920.00	3.33	+0.46%	仁寶	33,871.00	2.57	-0.12%
群光	8,824.00	3.29	+0.41%	創見	8,256.00	2.30	-0.01%
大聯大	19,520.00	3.28	-0.02%	兆豐金	18,349.00	2.23	-0.21%
聯詠	4,146.00	3.26	+0.37%	台化	5,209.00	1.94	-0.10%

（資料日期：2019/08/31）

由 30 家近幾年穩定配息的好公司所組合的基金，但買賣方法和投資股票完全一樣。先來看它的風險，這 30 家公司當然有可能出現幾家倒閉的情形，但「同一天」同時倒閉的可能性，真的機率非常低，屆時真的發生，所有台幣投資一定也都損失慘重，所以可以說只要台灣健在，（0056）就會屹立不搖地幫投資人賺錢！

認識小資入門的快樂投資

▲一分鐘認識（0056）元大高股息

大家常常看到財經雜誌寫到（0056），到底（0056）是什麼？「0056ETF」全名叫作「元大寶來台灣高股息證券投資信託基金」，因為名稱裡面有「高股息」3 個字，是一檔全台灣非常受歡迎的 ETF 之一，目前 0056ETF 的基金規模目前大概僅次於 0050ETF。

▲如何購買元大高股息（0056）

如果想投資 0056ETF，可以從你的股票券商下單（股票代號：0056）就可以買進。

▲ 0056 購買成本

目前一股 0056ETF 是 26 ～ 27 元左右，買一單位（1,000股）大約 25,000 ～ 27,000 元。但它每年有經理費加保管費約0.43%，比 0050ETF 的總費用 0.35% 略貴一點。

▲ 0056 近 5 年的殖利率

目前近 5 年來平均大概在 4 ～ 5% 之間，平均 124 天左右會填息，所以 0056 是蠻適合小資初學的入門懶人投資。

元大高股息 56ETF 近年收益分配

時間	配息金額（元）	除息參考價（元）	現金股息殖利率（%）	填息天數（天）
2014	1.00	22.95	4.17	43
2015	1.00	21.65	4.42	131
2016	1.30	24.05	5.13	239
2017	0.95	25.44	3.60	86
2018	1.45	24.35	5.62	122

（資料來源：元大投信、CMoney）

買進元大高股息（0056）的三種投資策略

❶ 定時定額買進

　　每年乖乖每年領 4 ～ 5% 殖利率，長期持有，這種方式適合沒時間的小資投資者！

❷ 年年賺 10% 以上報酬

　　元大高股息（0056）一般都是每年 10 月除息，通常一年

最低的月份大概在 3 ～ 5 月間或是 10 月除息之後，逢低佈局買進，那時的價格一般會落在 23 ～ 25 元之間，可以 23 ～ 24 元買進，等要配息前 7 ～ 9 月時可能會漲到 26 ～ 27 元，報酬率試算：

> （27 － 23）÷23=17%

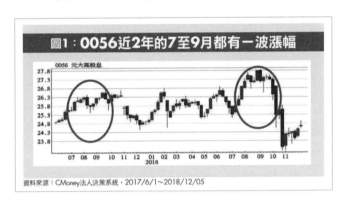

圖1：0056近2年的7至9月都有一波漲幅

資料來源：CMoney法人決策系統，2017/6/1～2018/12/05

❸ETF 填息佈局法

台股 ETF 若是投資國內股市，普遍考量第 3 季除權息高峰，基金除息日訂在第 4 季。小資族群可優先留意「填息布局法」的操作時機，投資勝率可接近 100%。

所謂的「填息布局法」，指的是投資人在台股 ETF 除息當日買進，填息時出場，以 ETF 元大高股息為例，掛牌來採用填息布局法的勝率 100%，平均報酬率 6.6%。

舉例：元大高股息自 2009 年來，共除息 9 次，首次是

2009 年 10 月 23 日除息，當天收盤價 21.76 元，假設小資族
投資人以 21.76 元買進，於填息日、2010 年 1 月 6 日收盤價
的 23.75 元出場，報酬率達到 9.1%，若於 2011、2012 年除
息採取相同操作法，填息日賣出的報酬率也有 9.7%、9.9%。

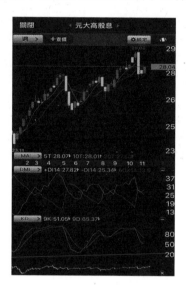

　　至 2018 年底，元大高股息「填息布局法」的較低報酬
率是 2015 ～ 2016 年、2017 ～ 2018 年，因股價處於高檔，
報酬率 3.4%、3.7%，但 9 次來，平均報酬率仍達到 6.6%，
最近一個年度（2018 ～ 2019 年）也高達 7%。

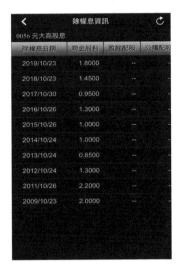

　　所以當填息機率高的高股息 ETF，可視同高填息勝率的高股息股票，進行來回押寶操作，績效領先、殖利率高（缺口越大）者，往往有領先報酬。我們可以看到元大高股息約 15%，富邦公司治理約 11%，國泰股利精選 30 約 7%，富邦台灣優質高息、FH 富時高息低波則不及 4%。

元大高股息填息概況

除息前一日收盤價（元）	除息日	除息日收盤價（元）	填息日	填息日收盤價（元）	報酬率（%）
23.63	2009/10/23	21.76	2010/1/6	23.75	9.15
25.21	2011/10/26	23.00	2012/2/22	25.25	9.78
24.40	2012/10/24	22.38	2013/5/16	24.61	9.96
24.18	2013/10/24	23.31	2014/4/16	24.25	4.03
23.96	2014/10/24	22.75	2014/12/5	24.00	5.49
22.65	2015/10/26	21.93	2016/3/2	22.68	3.42
25.35	2016/10/16	23.79	2017/6/21	25.42	6.85
26.39	2017/10/30	25.50	2018/1/25	26.45	3.73
25.81	2018/10/23	24.13	2019/2/21	25.84	7.09
平均					6.61

（資料來源：CMoney、元大投信）

 2019 年來高股息 ETF 累積報酬率

代號	簡稱	今年來報酬率（%）
00713	元大台灣高息低波	17.1
0056	元大高股息	15.4
00692	富邦公司治理	11.9
00701	國泰股利精選 30	7.3
00730	富邦台灣優質高息	3.8
00731	FH 富時高息低波	3.5

（資料來源：CMoney、統計淨值至 2019/09/02 ／圖片來源：UDN）

台灣最大的 ETF「台灣 50」

　　整個 ETF 家族中知名度最高最受台灣民眾歡迎的就是「元大寶來台灣卓越 50 基金」，簡稱「台灣 50」（0050）。

　　為什麼叫「台灣 50」呢？因為你買了一張「台灣 50」的股票，基金公司會將這些錢買進台灣前 50 大公司的股票。那「台灣 50」到底是哪 50 間公司呢？

 0050 成分股名單

公司名稱	代號	持股權重 (%)	公司名稱	代號	持股權重 (%)
台泥	1101	1.13	彰銀	2801	0.75
亞泥	1102	0.61	中壽	2823	0.42
統一	1216	2.25	華南金	2880	1.04
台塑	1301	2.93	富邦金	2881	1.84
南亞	1303	2.32	國泰金	2882	1.87
台化	1326	1.91	開發金	2883	0.74
遠東新	1402	0.76	玉山金	2884	1.61
中鋼	2002	1.74	元大金	2885	1.15
正新	2105	0.42	兆豐金	2886	1.97
和泰車	2207	0.89	台新金	2887	0.82
光寶科	2301	0.57	永豐金	2890	0.75
聯電	2303	0.97	中信金	2891	2.13
台達電	2308	1.9	第一金	2892	1.27
鴻海	2317	5.31	統一超	2912	0.97
國巨	2327	0.6	大立光	3008	2.46
台積電	2330	34.83	台灣大	3045	1
華碩	2357	0.87	日月光投控	3711	1.33
廣達	2382	0.93	遠傳	4904	0.69
研華	2395	0.55	和碩	4938	0.63
南亞科	2408	0.32	中租 -KY	5871	0.92
友達	2409	0.45	上海商銀	5876	0.96
中華電	2412	2.44	合庫金	5880	1.07
聯發科	2454	2.65	台塑化	6505	0.84
可成	2474	0.97	寶成	9904	0.58
台灣高鐵	2633	0.52	豐泰	9910	0.43

（資料來源：元大投信，截至 2019/08/15）

　　所以，買「台灣 50」基本上不會偏離加權指數太遠，不用擔心有一天公司會下市，或者是狂跌後一蹶不振，因為「台灣 50」的股價和加權指數是同步的，而加權指數就是台灣的景氣，所以只要台灣這個國家還平安健在的一天，就不會發生 ETF 大幅貶值的問題。投資人買「台灣 50」，就算有時會短暫地虧損，也可以放心地長期持有，因為從過去台股的歷史告訴我們，未來股價一定會漲回來！

 近 10 年元大台灣 50 平均股息殖利率

年度	配息（元）	最高價（元）	股息殖利率（％）	最低價（元）	股息殖利率（％）
2009	1.00	56.45	1.77	30.01	3.33
2010	2.20	61.40	3.58	47.95	4.59
2011	1.95	63.20	3.09	46.61	4.18
2012	1.85	56.20	3.29	47.45	3.90
2013	1.35	59.15	2.28	52.95	2.55
2014	1.55	69.95	2.22	55.60	2.79
2015	2.00	73.30	2.73	55.40	3.61
2016	0.85	73.50	1.16	55.60	1.53
2017	2.40	85.60	2.80	71.35	3.36
2018	2.90	88.40	3.28	73.30	3.96
平均值	1.81	－	2.62	－	3.38

（註：平均值經過四捨五入　資料來源：Smart 雜誌）

小資族到底要買 0050 還是 0056

0056		0050	
發放年度	現金股利	發放年度	現金股利
2018	1.45	2018	2.90
2017	0.95	2017	2.40
2016	1.30	2016	0.85
2015	1.00	2015	2.00
2014	1.00	2014	1.55
2013	0.85	2013	1.35
2012	1.30	2012	1.85
總計	7.85	總計	12.90
年平均	1.12	年平均	1.84
資本利得 + 股利報酬	9.65	資本利得 + 股利報酬	38.59
年化報酬率（％）	5.30%	年化報酬率（％）	8.53%

（資料來源：公開資訊觀測站）

　　很多小資族會問到底是買 0050 好還是 0056 好？有投資專家整理了 0050 與 0056 的報酬表現，從上表我們先來看 0050，如果我們在 2011 年最後一個交易日的收盤價買進 1 股，股價是 49.81 元，持有到 2018 年年底，股價上漲到 75.5 元，期間每股共可以得現金股利 12.9 元，年平均為每年每股 1.84 元。換算總報酬（為了簡化計算，現金股利不再投入買股，亦不計交易成本）0050 這 7 年間的年化報酬率為 8.53%，即使加入現金股利買股，頂多也是 9% 上下，符合投資專家對股市長期預期年均報酬在 8 ～ 10% 的落點之間。

　　用同樣方法再來計算 0056，從 2011 年最後一個交易日的收盤價買進 1 股，股價是 22.14 元。持有直到 2018 年底，股價上漲到 23.94 元，期間每股共可以得現金股利 7.85 元，年均為每年每股 1.12 元。換算總報酬（為了簡化計算，現金股利不再投入買股，亦不計交易成本），**0056 這 7 年間的年化報酬率為 5.3％。從這邊可以看出 0050 的長期年化報酬率高於 0056，但是買進一張 0050 價格高達 5 ～ 7 萬元，對於新手投資者或是小資族群可能會有太大的壓力，所以從負擔得起價格的考量，也許 0056 更適合小資族！**

比較小型的 0056 → 00728 第一金工業 30ETF

　　我個人私心愛的另一個 ETF 是（00728）第一金工業30，大家都知道工業類股是台灣經濟命脈，台灣製造業成長動能值得期待！第一金投信精選工業資優股，不用花時間研究，就有機會被動享受比大盤更甜美的果實。工業菁英 30 指數綜合個股的市值、流動性、財務指標評比，並考量公司獲利、股利表現，從中優化篩選出台灣 30 檔工業資優股，而且每年定審一次，相較於臺灣 50 指數每年定審四次，調整成本相對更低，讓您以更經濟的方式，一次掌握長期獲利表現佳的優質標的。

第一金臺灣工業菁英 30ETF 基金　持股明細							
股票名稱	持股〔千股〕	比例	增減	股票名稱	持股〔千股〕	比例	增減
台積電	247.00	20.64	+0.74%	聚陽	15.00	0.88	+0.07%
聯發科	96.00	11.42	+1.82%	福懋	77.00	0.85	0.00%
台塑	332.00	10.10	-0.48%	佳格	33.00	0.66	+0.06%
大立光	7.00	8.53	-0.10%	台郡	21.00	0.64	+0.06%
南亞	370.00	8.23	+0.02%	聯華	58.00	0.63	-0.06%
台化	274.00	7.80	-0.35%	義隆	21.00	0.58	+0.09%
合塑化	166.00	5.21	-0.31%	葡萄王	9.00	0.56	+0.01%
可成	54.00	3.84	-0.01%	嘉澤	6.00	0.49	+0.08%
聯詠	42.00	2.50	+0.02%	祥碩	3.00	0.48	+0.11%
研華	28.00	2.45	-0.35%	同欣電	12.00	0.46	+0.02%
鴻準	98.00	2.01	-0.31%	中華	51.00	0.41	+0.01%
南亞科	88.00	2.01	-0.01%	全新	13.00	0.40	-0.02%
儒鴻	14.00	1.75	-0.11%	康友 -KY	5.00	0.37	+0.05%
矽力 -KY	6.00	1.29	+0.24%	超豐	25.00	0.34	-0.01%
億豐	14.00	1.25	+0.23%	麗豐 -KY	4.00	0.29	-0.05%

（資料日期：2019/08/31）

 ## 30ETF 配息紀錄

　　這裡提供兩種買（00728）會採取的投資策略：

❶ 定時定額長期買進

　　每月買一張 00728，把它當作長期的退休金來投資，每年領配息，00728 目前的殖利率約有 6 ～ 7%，也滿適合小資族當存股來投資！

❷ 定價投資法

　　當 00728 跌到 18 元以下時，我就買進，當漲到 20~21 元附近，我就賣出獲利了結，這樣每年大概會有 12% 左右的報酬率喔！

比較小型的 0050 → 00850 元大台灣 ESG 永續 ETF

　　2019 年 8 月元大投信推出元大台灣 ESG 永續 ETF（證券代碼：00850），鎖定國內搭載 ESG 精神與永續經營原則的優質企業，也是台灣目前首支涵蓋環境、社會、公司治理完整投資構面的台灣永續指數，其透過完整結構性的計量評鑑模型，分成環境（E）、社會責任（S）、公司治理（G）

三大支柱，兼容 0050 與 0056 的市值、殖利率表現特點。元大台灣 ESG 永續 ETF 採取現金申贖，方便國際資金投入；此外，元大台灣 ESG 永續 ETF 發行價格 20 元，相對親民的價格對一般投資人也較有吸引力。

 元大台灣 ESG 永續 ETF

基金名稱	元大臺灣ESG永續ETF證券投資信託基金		
基金簡稱	元大臺灣ESG永續ETF基金		
擬任經理人	林良一		
證券簡稱/代碼	元大臺灣ESG永續/00850		
追蹤指數	臺灣永續指數	募集期間最低申購金額	新臺幣20,000元
基金經理費	• 20億以下(含) 0.45% • 超過20億~50億(含) 0.35% • 超過50億 0.30%	申贖方式	現金
基金保管費	0.035%	申購手續費	申購手續費最高不得超過發行價格之1%
保管機構	永豐銀行	風險級別	RR4
發行價格成立日前 (不含當日)	新臺幣20元	配息方式/收益評價日	年配息/每年十月三十一日

ETF 名稱	股價	經理費	保管費
元大臺灣 ESG 永續 ETF	發行價格 20 元	• 20 億以下(含)：0.45% • 超過 20 億 ~ 50 億(含)：0.35% • 超過 50 億：0.30%	0.035%
元大台灣 50 ETF	83.25 元	0.32%	0.035%

　　「元大臺灣 ESG 永續 ETF」繼掛牌繳出近萬張好成績，且盤中一度溢價 2%，顯示有龐大買盤進場推升，終場該 ETF 衝出達 1.1 萬張的熱量。元大臺灣 ESG 永續 ETF 連結「台灣永續指數」，是台股首檔響應全球 ESG 大浪潮，在主管機關和投資市場期待下，該 ETF 成立時就有 14 億元，更衝出近萬張熱量持續吸「金」。

 亞洲時區 ETF

| 亞洲時區ETF | 歐美時區ETF | 商品期貨ETF | 元大債券ETF | ETF期貨市價 |

資料時間:2019-08-26 12:46:00

基本資料		淨值				市價				折溢價		初級市場
股票代碼	基金名稱	昨收淨值	預估淨值	漲跌	漲跌幅	昨收市價	最新市價	漲跌	漲跌幅	折溢價	幅度	可否申購
0050	元大台灣50	08/23 81.25	80.18	▼ 1.07	1.32%	81.00	80.00	▼ 1.00	1.23%	-0.18	-0.22%	+
0051	元大中型100	08/23 33.25	32.72	▼ 0.53	1.59%	33.09	32.77	▼ 0.32	0.97%	0.05	0.15%	+
0053	元大電子	08/23 36.35	35.78	▼ 0.57	1.57%	35.96	35.23	▼ 0.73	2.03%	-0.55	-1.54%	+
0054	元大台商50	08/23 22.73	22.33	▼ 0.40	1.76%	22.67	22.09	▼ 0.58	2.56%	-0.24	-1.07%	+
0055	元大MSCI金融	08/23 18.17	17.99	▼ 0.18	0.99%	18.14	18.03	▼ 0.11	0.61%	0.04	0.22%	+
0056	元大高股息	08/23 27.17	26.88	▼ 0.29	1.07%	27.02	26.91	▼ 0.11	0.41%	0.03	0.11%	+
0061	元大寶滬深	08/23 18.06	17.72	▼ 0.34	1.88%	17.94	17.62	▼ 0.32	1.78%	-0.10	-0.56%	+
006201	元大富櫃50	08/23 12.95	12.67	▼ 0.28	2.16%	12.95	12.75	▼ 0.20	1.54%	0.08	0.63%	+
006203	元大MSCI台灣	08/23 38.03	37.51	▼ 0.52	1.37%	38.06	37.37	▼ 0.69	1.81%	-0.14	-0.37%	+
006206	元大上證50	08/23 33.01	32.35	▼ 0.66	2.00%	32.79	32.12	▼ 0.67	2.04%	-0.23	-0.71%	+
00631L	元大台灣50正2	08/23 39.39	38.28	▼ 1.11	2.82%	39.35	38.35	▼ 1.00	2.54%	0.07	0.18%	+
00632R	元大台灣50反1	08/23 11.62	11.78	▲ 0.16	1.38%	11.62	11.77	▲ 0.15	1.29%	-0.01	-0.08%	+
00637L	元大滬深300正2	08/23 18.19	17.61	▼ 0.58	3.19%	18.13	17.58	▼ 0.55	3.03%	-0.03	-0.17%	+
00638R	元大滬深300反1	08/23 12.24	12.48	▲ 0.24	1.96%	12.31	12.52	▲ 0.21	1.71%	0.04	0.32%	+
00661	元大日經225	08/23 26.32	25.85	▼ 0.47	1.79%	26.12	26.12	0.00	0.00%	0.27	1.04%	+
00713	元大台灣高息低波	08/23 32.01	31.68	▼ 0.33	1.03%	31.86	31.49	▼ 0.37	1.16%	-0.19	-0.60%	+
00739	元大MSCI中國A股	08/23 20.99	20.63	▼ 0.36	1.72%	20.82	20.50	▼ 0.32	1.54%	-0.13	-0.63%	+
00850	元大臺灣ESG永續	08/23 19.99	19.74	▼ 0.25	1.25%	20.08	20.15	▲ 0.07	0.35%	0.41	2.08%	+

定時定額買 ETF

　　ETF 定期定額是所有投資方式裡面最簡單的，非常適合小資族，只要標的選對，每月自動累積股數，真的不用太過看盤，是最安全保守相對又有穩定獲利的投資方式，唯一要調整的，就是投資人自己本身的心態，當股市大跌的時候，能不能熬過景氣嚴冬的考驗，享受到長期投資的肥美果實。

　　誠如全球最知名的價值投資者巴菲特的名言：「**別人貪婪的時候，我恐懼；別人恐懼的時候，我貪婪。**」這樣的反市場操作模式，造就出他的存股金錢帝國，每每在市場最悲觀及恐懼時大舉買股，將便宜的股價當成打折特價品大肆購買，Hold and Buy，然後等待景氣春暖花開的那天來臨。

券商開辦定期定額買股情形

券商	投資標的	投資金額
元大	15 檔個股、4 檔 ETF	最低 1,000 元
國泰	48 檔個股、9 檔 ETF	最低 3,000 元
富邦	5 檔投資組合、21 檔 ETF	最低 1,000 元
凱基	149 檔個股、65 檔 ETF	台股最低 3,000 元、美股最低 5,000 元
永豐金	5 檔個股、5 檔 ETF	最低 3,000 元
元富	12 檔 ETF	最低 3,000 元
群益	46 檔個股、9 檔 ETF	最低 3,000 元
兆豐	11 檔個股、2 檔 ETF	最低 3,000 元
第一金	台灣 50 成分股（除第一金外）、1 檔 ETF	最低 3,000 元
華南永昌	19 檔 ETF	最低 3,000 元、以 500 元為累加單位
土銀	4 檔個股、2 檔 ETF	最低 3,000 元

（註：投資金額累加單位除華南永昌外，均為 1,000 元　資料來源：各券商）

目前台灣開放定期定額投資人申購 ETF 超過 60 檔,目前統計以不必動腦思考、波動相對平穩的 ETF 仍為大宗。以元大來看,開辦至今元大台灣 50、元大高股息等 ETF 占比維持 5 成以上。

投資標的主要為 ETF 的富邦,扣款前 5 名分別為富邦上證、富邦公司治理 100、富邦深 100、富邦台 50、富邦印度,合計占比高達 75%,元大開辦定期定額買股至今,累計扣款金額約 10 億、開戶數 1.3 萬,其中 7 成是新戶,40 歲以下年輕族群占比 6 成;目前每月總扣款金額約 1 億元,平均每戶每月扣款 6,000 元,但扣款 3,000 元以下達 52%。

年輕是投資最好的本錢,雖然這時期的本金少了些,但透過每月定期定額拉長時間買 ETF,真的能夠默默幫你存下退休金,下次看到國際股市又動盪不安,先別提心吊膽,只要投資標的夠穩,就沒什麼好怕的!

Part IX
用外幣優惠定存
賺到環遊世界的旅費

 外幣投資其實一點也不難

外幣定存是我長久以來鍾愛的投資方式，很多人會把大部分的錢拿去台幣定存，但台幣定存利率實在非常低，大約只有 1% 出頭，反而許多國家的外幣定存利息高於台幣 2～3 倍，甚至高雄銀行南非幣一年定存利率高到 5.5%，比台幣高 4～5 倍，所以其實可以認真考慮其他國家的外幣定存，讓自己賺更多錢。

定存外幣之前，首先要先搞懂「年利率」是什麼？就是你把錢存在銀行，銀行每年會給你利息，利率越高，將來你可以領回的錢越高，我們以每年存 10 萬試算：

10 萬，利率 1%=100,000X0.01=1,000 元

10 萬，利率 2%=100,000X0.02=2,000 元

10 萬，利率 3%=100,000X0.03=3,000 元

10 萬，利率 4%=100,000X0.04=4,000 元

10 萬，利率 5%=100,000X0.05=5,000 元

10 萬，利率 6%=100,000X0.06=6,000 元

所以除了台幣定存外，其實也可以來考慮買外幣定存，買外幣定存基本上先考慮兩個點：

❶ 外幣匯率

所有投資都一樣，低買高賣，比如說美金兌台幣，通常在 33 ～ 30 元附近，那當美金在 30 元附近就是不錯的買點。南非幣通常是 2 ～ 2.5 元之間，所以當南非幣在 2 元附近就是不錯的買點。日幣的話通常都是在 0.27 ～ 0.29 之間，所以想買日幣的人可以在 0.27 附近購買。

❷ 外幣利率

每個銀行都有不同的外幣定存方案，大家可以挑選最適合自己的條件。

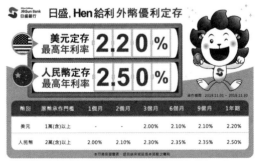

（圖片提供：日盛銀行）

（圖片提供：日盛銀行）

　　全世界共有 249 個國家，全球發行的貨幣超過一百種以上，外幣走勢強弱代表一個國家經濟成長狀況以及政治的穩定性，就像一檔股票的基本面。全世界每個國家都有自己的錢幣，但流通性較高的還是一些主流國家或區域的貨幣，比如說美元、日圓、歐元、人民幣⋯⋯，而真的會讓小資族有機會賺匯率及利率的外幣大約有 7 種，包含了美金、人民幣、澳幣、南非幣、歐元、紐幣。

一般投資人怎麼選擇呢？

外幣存款排名

在選擇存款幣別時，一般傾向定存利率高之外幣，除此之外，也要考慮匯率的穩定性及國際流通性。

1	2	3	4	5	6	7
美元	人民幣	澳幣	日幣	南非幣	歐元	紐幣

（資料來源：玉山銀行網站）

　　其他的不是全球流通性太不高，就是利息太低，或是幾乎沒有任何利息，在做存款幣別的選擇時，一般是選定存利率高的幣別，但除此之外，還要考慮匯率的穩定性以及國際流通性。例如南非幣的利率最高，利率很誘人，但是匯率波動也大，而且國際流通性低，風險也相對高很多；美金、歐元、澳幣等國家幣別，相對比較穩定；而日幣是相對的避險貨幣，在全球景氣不好時日幣及黃金都有相對比較大的漲勢！

　　綜觀 2018 ～ 2019 年全球貨幣走勢其實波動非常大，可以參考近一年來台幣對世界主要貨幣的匯率變化。從下面各圖可以看出除了台幣兌美元及日幣都貶值外，對其他的五個貨幣都是升值的！如果去年買進美元或是日幣的人都應該有賺到錢了！

最近 1 年美元對新台幣外匯匯率走勢趨勢圖（最近 1 年台幣貶值 -2.23%）

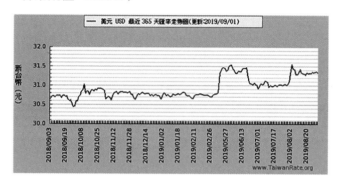

 最近 1 年日圓對新台幣外匯匯率走勢趨勢圖（最近 1 年台幣貶值 -6.17%）

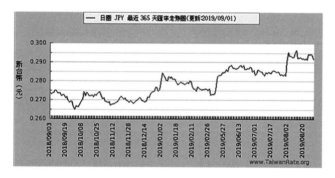

最近 1 年歐元對新台幣外匯匯率走勢趨勢圖（最近 1 年
台幣升值 2.9%）

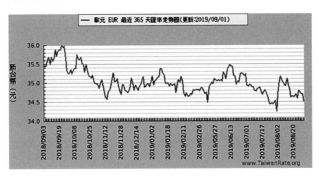

 最近 1 年人民幣對新台幣外匯匯率走勢趨勢圖（最近 1
年台幣升值 2.24%）

最近 1 年南非幣新台幣外匯匯率走勢趨勢圖（最近 1 年
台幣升值 1.46%）

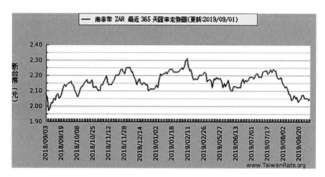

 最近 1 年澳幣對新台幣外匯匯率走勢趨勢圖（最近 1 年
台幣升值 4.83%）

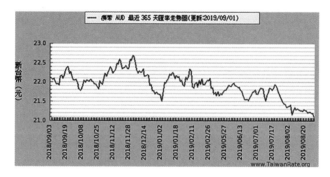

最近 1 年紐幣對新台幣外匯匯率走勢趨勢圖（最近 1 年台幣升值 2.74%）

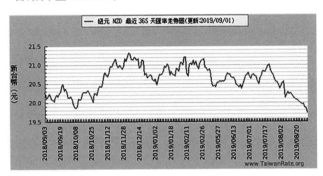

　　全球五大貨幣可以依照以下的幾個特性，區分成政策型貨幣（美元、歐元）、避險性貨幣（日圓）、商品行貨幣（紐幣、澳幣）。

 原來各國貨幣依特性可以區分不同類型

（資料來源：玉山銀行網站）

　　外幣優利定存怎麼買才能賺錢？每個國家之間貨幣兌換比率叫作匯率，如果要買外幣定存來做投資，必須先學會幾個匯率及利率的基本概念。而想靠外幣來賺錢，除了要看懂一國的政經局勢之外，也要多懂技術指標。

　　小資族想進入投資外匯市場的基礎入門，多數人是以銀行外幣帳戶做起，想要買賣外幣前，要先看懂銀行牌告匯率。所有銀行的牌告匯率主要是以銀行的角度思考，交易過程中，如果沒有實際用鈔票進出，只是透過外幣帳戶進行數字的買賣，就看即期買入、賣出的匯率，以向銀行買美元為例，投資人要看即期賣出的匯率（對銀行來說是賣出美元）；如果要將美元賣回給銀行，則要看即期買入價，兩者會有 0.1% 的價差，依每種幣別的價差不同，價差也不一定，這是銀行的外幣獲利來源，但是屬於投資人的買賣外幣要支付的成本。

幣別	現金買匯	現金賣匯	即期買匯	即期賣匯
美元 USD	31.0890	31.7050	31.2970	31.4970
日圓 JPY	0.2906	0.3002	0.2921	0.2987
人民幣 CNY	4.2040	4.4590	4.3480	4.4220
港幣 HKD	3.9190	4.0880	3.9590	4.0480
歐元 EUR	33.8460	35.1090	34.1590	34.7960
澳幣 AUD	20.6810	21.6020	20.9450	21.3380
英鎊 GBP	-	-	37.7600	35.5800
加拿大幣 CAD	-	-	23.3660	23.8100
紐西蘭幣 NZD	-	-	19.5840	20.1420
南非幣 ZAR	-	-	1.9990	2.1340

（圖片來源：中國信託官網）

▲銀行買進／賣出價格會有差

如上圖銀行要賺你的錢，所以銀行賣出給你的價格會高，但有一天你要賣給銀行時（銀行買進你的外幣），銀行會低買回，所以通常銀行賣高給你，低買回你的外幣，因此一定要買在外幣匯率的較低價位，然後賣出在較高的價格，這樣才會有機會賺錢。比如說在美金兌台幣 1：30 時買進美金，但在美金兌台幣時 1：33 賣出，可以賺 10% 的報酬率。

> （33-30）÷30=0.1=10%

▲各家銀行美元優惠定存

買外幣然後存起來，銀行一樣會提供存款利率，通常國家或區域發展相對較穩定的利率較低，像日圓及歐元趨近於 0，但比如說國家政經情勢沒那樣穩定的存款利率可能較高，比如說南非幣有 5 ～ 6% 左右，因為南非的貨幣波動起伏較大，所以雖然南非幣利率較高，但相對投資風險也大。前幾年很熱門的人民幣定存也算相對的利率較高，有 3 ～ 4% 的水準。以下 Money101 整理了近期非常熱門的各銀行美元優惠定存利率，大家可以參考！

2019 年國內各銀行的美元定存利率

美元定存利率	銀行	1 個月	3 個月	6 個月	1 年	高利率定存
公股銀行	臺灣銀行	1.1	1.55	1.9	2.15	6 個月 2.56%
	合作金庫	1.1	1.55	1.9	2.2	3 個月 2.55% 1 年 2.7%
	台灣企銀	0.8	1.05	1.4	1.7	3 個月 2.5% 1 年 2.7%
	土地銀行	1	1.4	1.75	2.1	–
	第一銀行	1.1	1.55	1.9	2.2	6 個月 2.5%
	彰化銀行	0.7	0.95	1.25	1.6	3 個月 2.55% 1 年 2.75%
	華南銀行	1.1	1.55	1.9	2.2	–
	兆豐銀行	1.1	1.55	1.9	2.2	–
本土銀行	陽信銀行	1.1	1.55	1.95	2.3	3 個月 2.8% 1 年 3.1%
	富邦銀行	1.1	1.45	1.8	2.15	–
	瑞興銀行	1.1	1.55	1.9	2.15	6 個月 2.5% 1 年 2.8%
	京城銀行	0.9	1.2	1.6	1.8	2 個月 2.7%
	凱基銀行	1.1	1.55	1.9	2.2	1 年 2.9%
	台新銀行	1.1	1.55	1.9	2.25	6 個月 2.9%
	遠東銀行	0.7	0.95	1.25	1.55	–
	大眾銀行	0.7	0.95	1.25	1.55	–
	台中銀行	1.1	1.55	1.95	2.2	6 個月 2.88% 1 年 3.08%
	華泰銀行	1	1.4	1.75	2.1	–

美元定存利率	銀行	1 個月	3 個月	6 個月	1 年	高利率定存
本土銀行	新光銀行	1.1	1.55	1.9	2.2	－
	元大銀行	1.1	1.55	1.9	2.25	－
	永豐銀行	1.1	1.55	1.9	2.2	6 個月 3%
	高雄銀行	1.1	1.55	1.9	2.2	3 個月 2.75%
	上海銀行	0.8	1.05	1.4	1.7	1 個月 3%
	國泰世華	0.65	0.85	1.05	1.3	－
	安泰銀行	1.1	1.45	1.85	2.25	6 個月 3.35%
	三信銀行	1.1	1.55	1.9	2.2	－
	玉山銀行	1.1	1.55	1.9	2.2	1 年 2.6%
	聯邦銀行	1	1.4	1.8	2.1	－
	板信銀行	1	1.4	1.75	2.05	－
	中國信託	1.15	1.5	1.85	2.15	3 個月 2.5% 1 年 2.6%
	日盛銀行	1.1	1.55	1.9	2.25	3 個月 2.7% 1 年 2.9%
	王道銀行	1.1	1.55	1.9	2.2	－
外商銀行	星展銀行	0.5	0.55	0.7	1	－
	匯豐銀行	0.55	0.75	1.2	1.5	3 個月 3.33%
	花旗銀行	0.94	1.04	1.23	1.4	1 個月 2%
	渣打銀行	0.1	0.7	1.1	1.35	1 年 2.6%

（資料收集日：2019 年 5 月 7 日／資料來源：Money 101 網站）

　　買外幣定存要研究好目前各銀行所提供的外幣定存優惠方案，哪一個比較划算。有一點要小心，很多銀行會巧妙地讓人覺得定存利率很高（但只有 15 天優惠定存），15 天之後很低，這種會讓人誤會的方案，要小心比較。外幣定存時間選擇上也要聰明選擇，一般外幣定存一般時間大概有 1 個月、3 個月、6 個月、9 個月、1 年這幾種選擇，不同期間的利率各有差異。舉例如澳幣定存一個月的利率是 1.85%，定存一年 2.1%；南非幣定存一個月是 5.6%，定存 1 年反而降到 5%。所謂貨比三家不吃虧，因為各家銀行在利率和匯率上都不一樣，所以當然要選擇對投資最有利的銀行。

　　其實外幣定存就跟台幣定存是一樣的，如果定存未到期而解約，利息是會打折的。如果不是要長期持有外幣打算的話，可以選擇短期定存，跑短線賺匯差比較靈活。在適當的時機換回台幣，利息與匯差都可以賺取。當然如果預期未來利率或匯率會升或降，在定存時間的選擇，就更有把握。

　　目前初步比較出國內外幣優惠方案以高雄銀行為較高，大家可以參考。但要開始存外幣定存切記要先去銀行開外幣帳戶。通常網路買外幣會較便宜，建議大家可以網路自己兌換較划算。

　　銀行外幣優惠定存最低定存金額是有要求的，各家銀行規定略有不同，金額可以在銀行網頁上查到。一般銀行投資外幣門檻普遍要 1,000 美元（約新台幣 3 萬元），外幣零存整付其實與台幣零存整付相似，每月固定存入一定金額，到期本利一次領回。

外幣定存投資 Tips：

這幾年美元兌台幣區間 29 元到 33 元之間，如果美金走勢弱的時候，台幣大約在 29 元附近。這時台股的走勢相對會比較強，因為外資可以一邊賺股票，一邊賺匯差。

當美元兌台幣 29 元附近，是存美元定存的好時間點，之前建議大家可以在 29 元附近買進美金，去存美元外幣定存，享受年利率 2%，加上升值的匯差。如果美元漲到 32 元附近，就有 10% 的漲幅，2%+10%=12%，也都比台幣定存 1% 多了 11%，如果 10 萬元就差了 1.1 萬，所以可以用這樣的外幣投資法提高收入。

▲外幣續存規定

外幣定存到期續存規定可分不續存和自動續存。自動續存是以最新的定存利率續存，就不用臨櫃辦理了。

> λ 不續存：即到期之後，本金和利息一併轉入活存。

> λ 本金續存：到期之後，本金繼續定存，而利息則轉入活存。

> λ 本利續存：又叫本息續存，即到期之後，將利息和本金一起作續存。

▲中途解約

外幣定存要提前解約，會損失部分利息，一般是利息打 8 折，未滿一個月的部分不予計息。但可能每家銀行的規定不一定相同，還是得和原銀行做確認。

Part X
投資新生力軍「ETN」來報到！

　　近期台灣證券市場迎接指數化商品新生力軍「指數投資證券（Exchange Traded Note, ETN）」，並由台灣證券交易所與櫃買中心於 2019 年 4 月 30 日將共同舉辦「ETN 上市櫃聯合掛牌典禮」，首批共有 10 檔 ETN 共同掛牌，提供台灣一般投資人更多元的金融商品，擴大證券商業務範圍。

　　首批證券商發行的 ETN 於證交所掛牌交易者共有 7 檔，包含富邦證券的特選大蘋果報酬指數 ETN、元富證券的標普中國新經濟 ETN、永豐金證券的特選外資豐擁 50 報酬指數 ETN、兆豐證券的電子菁英 30 報酬指數 ETN、凱基證券的臺灣 500 報酬指數 ETN、華南永昌證券的中小型 300 報酬指數 ETN 及元大證券的台灣特別股混合高股息 20ETN。

　　而首批證券商發行的 ETN 於櫃買中心掛牌交易者共有 3 檔，包含富邦存股雙十等權重報酬指數 ETN、群益富時中國 A50 綠色除碳報酬指數 ETN、統一漲升股利 150 報酬指數 ETN。

step by step 了解什麼是 ETN ？

　　指數投資證券（Exchange Traded Note, ETN），指證券商發行於到期時支付與所追蹤標的指數表現連結之報酬，並在證券交易市場交易，且投資人之申購、賣回採現金交付之有價證券。ETN 係由證券商發行、在交易所掛牌交易、追蹤標的指數報酬的有價證券，其性質類似證券商發行之無擔保債券，由證券商承諾於到期時支付所有投資人持有 ETN 所追蹤標的指數同等之報酬率，另扣除投資手續費用。

❶ ETN 為一種具有到期日之有價證券，用以追蹤標的指數表現，並在證券交易市場交易。

❷ ETN 的發行人承諾，在 ETN 到期或提前贖回後支付投資人在持有期間內與所追蹤指數完全相同的報酬，另扣除投資手續費。以國外指數為標的之指數投資證券，均採無升降幅度限制。

❸ ETN 不持有任何資產，因此報酬完全取決於商品合約之規定以及發行人的信用，投資人擁有發行人承諾給予標的完全相同的回報，基本上不存在追蹤誤差。

❹ ETN 是以發行人之信用為擔保，提供其追蹤指數之報酬，故 ETN 最主要風險為發行人之信用風險。

首批 10 檔 ETN 同步於 2019/04/30 掛牌

券商	掛牌	指數投資證券名稱	申報生效日期
富邦	上市	富邦特選大蘋果報酬指數指數投資證券	108.04.03
富邦	上櫃	富邦存股雙十等權重報酬指數指數投資證券	108.04.03
元富	上市	元富標普中國新經濟指數投資證券	108.04.03
群益	上櫃	群益富時中國 A50 綠色除碳報酬指數投資證券	108.04.08
統一	上櫃	統一漲升股利 150 報酬指數指數投資證券	108.04.15
永豐金	上市	永豐金證券特選外資豐擁 50 報酬指數指數投資證券	108.04.16
兆豐	上市	兆豐電子菁英 30 報酬指數指數投資證券	108.04.17
凱基	上市	凱基臺灣 500 報酬指數指數投資證券	108.04.18
華南永昌	上市	華南永昌中小型 300 報酬指數指數投資證券	108.04.18
元大	上市	元大台灣特別股混合高股息 20 指數投資證券	108.04.22

（資料來源：金管會）

　　投資人若想買賣 ETN，其實方式和買股票一樣，用證券帳號就可下單，但提醒民眾注意的是，首次買進需先簽署「風險預告書」。目前元大證券率先推出連結台灣指數公司發布的「特別股混合高股息 20 報酬指數」（020008）的 ETN，掛牌首日成交金額近 3,000 萬，吸引投資人熱烈購買氣。

　　元大證券推出的「特別股混合高股息 20 報酬指數」ETN（020008）已於 4 月 30 日掛牌，篩選台股市值及流動性符合標準的上市特別股，以及符合市值規模、流動性標準、現金股利等條件的上市普通股，構建兼具每年股息穩定、股利率高、波動度低的股票組合，主要訴求「穩健型投資人」。

　　目前，指數權重前 10 大成分股為國泰特、國泰金乙特、富邦金乙特、中華電、台灣大、富邦特、廣達、遠傳、華碩、台新戊特。

　　元大證券表示，以過去 5 年績效顯示，特股高息 20 報酬指數的股票殖利率為 5.02%，比台股加權指數殖利率 3.98% 高出 1 個百分點。

　　我們來觀察「元大特股高息 20 報酬指數 ETN」掛牌後股價表現，掛牌第一天即以 10.05 元作收、5 月 2 日以 10.06 元作收，目前「元大特股高息 20 報酬指數 ETN」成交價格則來到 10.07 元。

 元大特股高息 N

近期台股十檔 ETN 近日走勢跟著水漲船高，以 2019 年 9 月 12 日收盤價來看，統一漲升股利 150N、元大特股高息 N、凱基臺灣 500N 等三檔以追蹤台股標的為主的 ETN，都創下 4 月底掛牌以來新天價。但以長期累計績效來看，統一漲升股利 150N、元大特股高息 N 等兩檔 ETN 分別繳出上漲 3.8%、3% 的成績。

 10 檔 ETN 掛牌來累積漲跌幅

代號	名稱	掛牌來累計漲跌幅（％）	12 日收盤／漲跌（元）
020003	統一漲升股利率 150N	3.8	10.38／+0.08
020008	元大特股高息 N	3.0	10.30／+0.03
020006	永昌中小 300N	2.4	20.49／+0.00
020007	凱基臺灣 500N	2.1	20.43／+0.09
020001	富邦存股雙十 N	1.6	5.08／+0.02
020004	兆豐電精英 30N	1.4	20.29／+0.00
020009	群益 A50 綠碳 N	0.5	20.10／+0.00
020005	永豐外資 50N	0.3	20.06／+0.00
020002	元富新中國 N	-4.9	14.26／+0.05
020000	富邦特選蘋果 N	-5.0	4.75／+0.04

（資料來源：CMoney）

元大特股高息 20 報酬指數 ETN

證券代號	020008
證券名稱	元大特股高息 N
發行價格	10 元
發行數量	30,000 張
投資手續費	0.7%
連結指數名稱	臺灣指數公司特股高息 20 報酬指數
指數成分	特別股約 40%，高殖利率股約 60%
上市日	2019 年 4 月 30 日
到期日	2022 年 4 月 29 日

（資料來源：CMoney）

　　這邊特別一提的是，由富邦證券發行的特選大蘋果報酬指數 ETN 是一檔由蘋概股組成的主題型 ETN，乃自蘋果公司（Apple Inc.）最近公布之供應商名單中，選取符合流動性及財務穩健等條件之 10 檔台灣上市公司股票組合而成，該指數追蹤之股票組合每年定期審查一次，以確保名單中股票符合設定條件。

　　最新一期的成分股名單包括大立光、台達電、台積電、日月光控股、可成、鴻海、廣達、國巨、和碩及光寶科等 10 檔標的，目標清楚明確，投資人不用為選股煩惱；同時，富邦特選大蘋果報酬指數 ETN 訂價非常親民，剛開始的發行價格 5 元進入門檻低，只要 5,000 元，投資人利用小額資金即能參與追蹤蘋概股指數，且直接在集中市場交易買賣，不再有所謂「高價股」令人高不可攀的距離感。

代號	公司名稱	權重 (%)
2317	鴻海	13.91%
3711	日月光投控	12.25%
2330	台積電	12.02%
2308	台達電	11.30%
3008	大立光	11.23%
2474	可成	10.44%
2382	廣達	9.47%
2327	國巨	7.13%
4938	和碩	7.04%
2301	光寶科	5.19%

指數投資證券名稱	富邦特選大蘋果報酬指數指數投資證券
上市期間	10 年
申報生效發行單位數	120,000,000 單位
發行價格	每單位發行價格為 5 元
最低交易單位	1,000 單位
到期償還之日期及方式	到期償還以最後交易日盤後公布之指標價值計算償還金額，到期日前二個營業日為最後交易日，到期日之次一營業日為終止上市日
收益分配	不分配收益
管理費	年管理費為 0.9% 每日管理費（T）=指標價值（T-1）× 每日指數因子（T）× 年投資手續費率 ÷365
掛牌處所	臺灣證券交易所
買賣方式	同股票交易

（資料來源：富邦證券官網）

ETN 如何計算？

由於 ETN 不持有標的指數成分資產，無法計算淨資產價值，發行證券商將根據標的指數之漲跌幅度，計算出 ETN 應有之參考價格，稱為指標價值。

計算公式如下：

> 指標價值 $_T$＝（指標價值 $_{T-1}$× 每日指數因子 $_T$）－每日投資手續費 $_T$

> 每日指數因子 $_T$＝ $\dfrac{\text{標的指數值}_T}{\text{標的指數值}_{T-1}}$

> 每日投資手續費 $_T$＝ 標的指數值 $_{T-1}$× 每日指數因子 $_T$× $\dfrac{\text{年投資手續費率}}{365}$

發行證券商於每營業日開盤前需申報可算得最近一營業日之指標價值，且盤中至少每 15 秒需於證交所基本市況報導網站上申報每單位「盤中預估指標價值」，提供投資人做為盤中交易之參考。

> 指標價值 = 前一日指標價值 ×1 + 今日標的指數報酬率）- 投資手續費
> 投資手續費 = 前一日指標價值 × 距上一營業日之日曆日數 × 投資手續費率 ÷ 365

投資 ETF 與 ETN 的差異

　　過去投資人想要投資特定指數，只能購買指數股票型基金 (ETF)，而投資 ETF 的報酬，是 ETF 所持資產的報酬，與指數報酬經常存在追蹤誤差；投資 ETN 的報酬，是與指數報酬完全連動，沒有追蹤誤差，提升了指數投資的有效性。

　　證交所也提醒所有投資人，ETN 是「不保本商品」，到期時或到期前投資人可領回的金額，可能因市場波動、發行證券商的信用風險等因素而低於原始投資本金。投資人在買賣 ETN 前應詳閱公開說明書，充分了解 ETN 特色、投資成本費用及風險，並需簽訂風險預告書。ETN 並不持有資產，因此無法計算資產價值，發行人依據追蹤指數的漲跌，計算 ETN 的參考價格，稱為指標價值。

 ETF 與 ETN 的比較

項目	ETF	ETN
發行單位	投信	券商
持有標的成分資產	有	無
到期期限	無	有
申贖機制	實物 / 現金	現金
發行人信用風險	無	有
追蹤誤差	有	無
擔保品	持有標的	券商信用
價值透明度	高	高
交易稅率	千分之一	千分之一
交易手續費	與股票相同，最高不超過 0.1425%	與股票相同，最高不超過 0.1425%

（資料來源：證交所、櫃買中心、元大投信官網）

ETN 投資操作 3 要訣

　　這裡特別提供 3 大 ETN 投資操作心法，提供小資投資人參考。

❶ 搞清楚想投資 ETN 的特性及連結

　　目前台灣推出的掛牌 10 個 ETN 大略可分為產業、地區、指數及股息等 4 大投資特性，投資人可依本身想投資的方向篩選出適合自己的 ETN。

❷ETN 掛單不急躁

　　ETN 因為有發行券商擔任造市者，遇到行情有巨大波動，出現搶買或搶賣時，投資人可以都須保持冷靜有耐心，靜心等待造市券商掛出合理價位的買賣單，不需急於搶進殺出，最好掛單方式可採限定價格掛單，不要用漲停或跌停價格掛單。也因為 ETN 發行商會提供造市單，吸引投資人搶先購買，因此，通常第一天掛牌即具備高流動性，投資人以最佳賣價委託買進、最佳買價委託賣出，都可立即成交免等待。

❸ 要利不要稅

　　ETN 每年並不會配息，投資人無須擔心像 ETF 產生配

息而需額外繳稅。ETN 所連結的指數為總回報指數（Total return index），投資標的權息會反應回 ETN 投資的指數，亦即價格往上加，投資權益可完整保留。

投資 ETN 要注意的五大事項

❶ETN 有強制贖回機制

當 ETN 上漲超過一定價格，或是跌破一定價格，即使 ETN 還沒到期，發行人也必須強制贖回，所以投資人應注意 ETN 的強制贖回條件。

❷ETN 有到期日

投資人要注意 ETN 是有到期日的，通常 1 年以上，但最長不能超過 20 年。

❸ETN 有限制

ETN 目前不能從事當沖、借券、零股交易及信用交易，另外，外資也不能買賣 ETN。

❹ETN 有折溢價風險（成交價格低於或高於指標價值）

ETN 理論上不具有追蹤誤差，但 ETN 於交易所上市交易，仍不可避免產生折溢價。因 ETN 之增額發行由發行證券商決定，且初級市場之申購、賣回機制效率可能不如預期，某些狀況下可能無法快速消弭折溢價。

❺ETN 有流動性風險

ETN 可能因為市場供需不平衡、交易時間差或流動量提供者造市不積極而產生流動性不足之風險。

 如何買賣 ETN

ETN 上市之後的交易方式如同股票，投資人只要持有台股證券帳戶，在簽署風險預告書後，就可以買賣在台灣上市的 ETN，交割方式也與上市櫃股票相同。惟需注意，目前 ETN 暫不開放信用交易、借券、當沖。

ETN 申購／賣回流程

投資人　　　受託證券商　　交易所櫃買中心　　ETN 發行人

發行人贖回／到期流程

ETN 發行人　　交易所櫃買中心　　受託證券商　　投資人

CHAPTER 5

環遊世界前的 10 個準備

「一生之中至少要有兩次衝動，一次為奮不顧身的愛情，一次為
　說走就走的旅行。」

——安迪 · 安德魯斯

環遊世界去吧，如果你還年輕！

環遊世界去吧，如果你還有夢想！

環遊世界去吧，如果你還有勇氣！

有一句話說：「你都沒看過這世界，哪來的世界觀？」，很多人一輩子最大的夢想就是存夠錢去環遊世界，所以每當聽到別人成功環遊世界時總是非常羨慕。其實，你真心想去做一件事，整個宇宙都會來幫你！有時我們缺的不只是錢，而是一顆說走就走的決心以及面對未知的勇氣！希望看了這本書之後，能很快完成你的環遊世界夢想。

問題來了，環遊世界要存下多少錢才足夠？環遊世界前又需要準備些什麼呢？

❶ 計畫要去哪裡？

世界上一共有 220 多個國家和地區，顯然，一次去完所有國家是不太容易的，有些國家也不適合旅行。一般來說，旅行 2、30 個國家，行跡走過五大洲也算環遊世界了。如果說是要去歐遊，除了首站目的地，你有沒有想過之後要去哪裡呢？是先到英國倫敦，然後去荷蘭阿姆斯特丹、法國巴黎、奧地利薩爾斯堡嗎？如果錢不是問題，當然你可以到機場才決定要飛去哪裡。但如果不是，那就要比較跟著哪一條路線玩會比較順和划算。你可以先列出 10 ～ 15 個想要去的地方，然後仔細查看世界地圖看看要怎麼飛才不會重複路線。而且

先計畫要去的目的地會使旅程更加充實，讓自己有一個旅遊的目標。

❷ 估計旅遊中的交通費和住宿費

可以上網查看一下去各個目的地的機票大概是多少錢，然後再看火車票以及各項的交通費需要多少，確認各個目的地的住宿費用，不過這個就豐儉由人了。交通費和住宿費往往佔旅遊花費最大的百分比，超過 80%，一個粗略的預算可以讓自己知道將會花多少錢。

❸ 上網查看旅遊地的物價指數

根據調查，新加坡是全球生活物價最貴的城市，其次是香港、蘇黎世、東京、大阪、首爾。假如你的旅遊計畫中打算去這些地方旅遊，就需要多準備一下旅遊資金，畢竟一天三餐加交通費合計下來也不少。

❹ 買一張環遊世界的環球機票（round the world ticket）

大家一定很好奇環遊世界繞地球一圈需要多少錢吧？

目前最經濟實惠的出行方式就是買一張環球機票（round the world ticket）開始旅程。環球機票可以讓你在最多一年的時間內繞地球飛行一圈，期間有 3 ～ 16 次在不同的機場停轉。

目前航空聯盟主要推出了兩種機票收費方式，可以讓旅人選擇以行程中規畫的州別數量或是飛行的里程數來收費。所以在計畫購買環球機票前，旅行者一定得事先規劃好自己想去幾個國家，再來決定要購買哪種方案的環球機票！

所謂「航空聯盟」，就是各航空公司一起加入並互相支援，讓想去環遊世界的旅行者能夠更方便地搭飛機前往世界各地；「環球機票」則有點像是年票優惠券的概念，買一張機票就能輕鬆飛往多個國家，而不須購買多張不同目的地機票，可以省去不少麻煩！

目前能從台灣買到環球機票的航空聯盟共有三家，分別是：

星空 Star Alliance

天合 Skyteam

寰宇一家 oneworld

這三大聯盟都提供特價環球機票，想環遊世界的旅行者可以多多利用聯盟內的航空公司來達成航點間的接力賽，3,000 美元起的價格便宜到令人難以置信。價位算法基本上是取決於總里程數＋稅金、洲際數量、中途點數量、艙等、出發淡旺季等（其中 One World 較特殊，只看大洲數量不限制里程數，但價錢較貴）。

雖然看起來起價便宜，但是如果你的環遊世界計畫行程計畫太複雜，這個價格也會隨之大幅上升，此外一般環球機票還有一些限制，比如最便宜的經濟艙，按旅途的總里程長

短有不同的價位，所以還是建議可以多搜集一些相關資訊再來比較。

❺ 準備足夠的環遊世界旅遊基金

終於有勇氣採取行動完成環遊世界的偉大夢想了！那你打算要去玩多久呢？2 ～ 3 個月？還是半年？有足夠的錢去買機票，不代表有足夠的旅遊預算在旅途中維持生計。如果是去 3 個月的話，也許要在半年之前就開始有目標地存錢。當然這個是根據你的個人經濟狀況，但前提在出發前應有足夠的旅遊預算，否則回到台灣的時候面對巨額的信用卡帳單真的會讓人頭痛！

❻ 規劃旅遊住宿

如果想要在環遊世界時少花一點住宿費以省下更多的旅費，在搜索廉價住宿的同時也要看一下評論和地點，不要全部價錢導向，否則交通不便的話會帶來很多旅遊上的不便。除了飯店、Airbnb、青年旅社之外，沙發客（Couchsurfing）也是一個好選擇。如果去澳大利亞、紐西蘭旅遊的話，可以參加由 World Wide Opportunities on Organic Frams（有機農場全球機會，簡稱 WWOOF）舉辦的勞動換取免費住宿計畫：只要在農場工作一週，WWOOF 就會向你提供免費的住宿，既可以認識來自全球的新朋友，又可以體驗不一樣的生活。

❼ 規劃旅遊國家所需的簽證

　　每個國家對於開放申請簽證的日期都不太相同，有些國家允許你在入境前 90 天申請並在入境第一天開始生效，而有些可能是在批發簽證當天起算一天有效，所以各位旅者在計畫環遊世界旅程時要算好有效簽證日期。

　　在訂機票之前要先查看目的地是否需要簽證，能預先申請簽證就先辦簽證，避免用落地簽，早一點確定簽證讓自己能安心一點。然後就要看每個簽證能讓你停留多久，千萬不要超過旅遊國家允許旅客停留日期，否則會被人遣返或是永遠不許再入境，這要取決於每個國家的規則了。

　　要注意的是，有些國家的海關要求比較嚴格會要求出示出境的機票才允許入境，所以大家要先規畫好機票。

❽ 察看旅遊目的地的天氣狀況

　　天氣是決定旅程的一個非常重要因素，最大的影響當然是決定要怎麼打包行李。比如，若你是怕冷的人，就不建議 12 月份的時候去北京，以免零下 10 度還要踏雪踩景點，冷到哭出來。

❾ 購買長期旅遊平安險

　　出國旅行難免會遇上大大小小的意外及狀況，從班機延

誤、行李遺失到生病看醫生等，所以買對保險就成了出國時的安全保障之一。購買旅遊險除了要考量旅行的天數之外，旅遊的地區也很重要，例如有些國家的環境衛生條件較差，那麼海外突發疾病險跟意外醫療險就格外重要。也要特別注意是否附加海外急難救助服務，如果在旅遊期間生病了，才能獲得適當的服務及保障。

⑩ 身體健康的準備

　　環遊世界出發前一定要了解目的地的衛生環境，尤其是否有流行傳染病。在前往目的地之前要先查看是否需要接種各種疫苗或使用瘧疾預防藥物以防止患上瘧疾。另外如東南亞、中南美、非洲等昆蟲、蚊蠅較多的地方，那裡的衛生情況相對較差，傳染病發病率亦較高，旅行者要自己衡量是否要前往。

10 個環遊世界好用的 App

　　如果你是最後一分鐘才願意動起來找旅行社、買機票、訂飯店、換匯的人，為了你的環遊世界旅行，不妨試著提前計畫一下吧！提前計畫的好處是，你必須把你的感官雷達打

開，找時間去研究並善用好用的旅遊 App，並找出如何購買才能將錢花在刀口上，並且得到最高的 CP 值。

　　像我每年自助旅行或去年的環遊世界之前，我都會四處尋找實用的 App，這篇將自己過去多年來環遊世界過程中對我幫助很大的旅遊相關 App 整理出來，希望對即將踏上旅行的你有所幫助！

❶Google Map

　　Google Map 絕對是環遊世界旅行中最重要的地圖或導航 App，不論是找旅遊景點、美食餐廳、規劃交通路線甚至自駕導航，有了 Google Map 幾乎可以輕鬆行遍天下。尤其在導航部分，雖然有時不一定 100% 準確，但依然頗具參考價值。

❷TripAdvisor

　　TripAdvisor 是大多數熱愛旅行玩家都會有的 App，也是旅行者在行前規劃、旅途中查詢資訊的好幫手，身為全球最大旅遊評價網站，這個 App 除了查詢飯店、餐廳、觀光活動和景點資訊的功能，還同步收錄數億則旅客評論和建議、數千萬則旅客實拍照片和景點地圖。在訂房與策畫行程時，可以先參考這個 App 確認評價、景點的真實樣貌，並蒐集其他旅行玩家的經驗之談。若是旅行前來不及做好準備功課，亦

可在抵達當地時用 App 觀看飯店、餐廳與景點的各項排名和評價，或查看當地有趣的特色活動並直接選取預訂，不但好用而且可靠。

❸Skyscanner

想要隨時掌握全球各個航點的機票便宜價格，並且多方比價，Skyscanner 可說是環遊世界行程規劃中最重要的一個 App，可以搜尋各大航空公司與訂票網站的最低價格與最佳時段，還能設定價格通知；當選定某條航線後，只須輸入個人 Email，就能在機票價格波動時收到通知。此外，旅行者也能點選圖表顯示，一覽票價最低的出發日和回程日，依此調整旅程、輕鬆節省旅費。

❹Hopper

跟 Skyscanner 一樣都是用來購買便宜的機票，不太相同之處是 Hopper 是一款機票預測 App，透過價格分析，建議旅行使用者可購入最低票價的區段，推出以來同樣累積全球許多愛好者。

❺Klook

近年來深受年輕人喜歡的旅遊網站 Klook 客路，是自助旅行者的好朋友，提供環遊世界各個旅遊目的地的行程體

驗、最優惠價格的景點門票、各種一日遊行程與當地交通票券或相關安排，例如京都和服租借、迪士尼及大阪環球影城門票、東京 72 小時地鐵券，不論是行程體驗、景點門票、交通票券、各國上網卡 Wi-Fi 翻譯機，都可以事先用 Klook 預定，讓你免去旅行時現場大排長龍購票的麻煩，並且保證有位子，還可享有比現場購買更優惠划算的價格。

❻XECurrency

出國時，不同國家的海外換匯和購物，最擔心匯率計算錯誤，因此一款實用的匯率 App 絕對是旅行者的必備小幫手！XECurrency 除了可針對所有世界貨幣進行匯率換算，還提供即時匯率和圖表方便查看，在連線狀態時更新匯率後，便自動保留最新匯率，讓旅行用戶在離線狀態也能直接換算幣值，還可同時顯示多國幣別並監控多達 10 種貨幣，對於平時有操作外幣的人而言，也是一款相當便利好用的 App。

❼Airbnb

Airbnb 是另一個我個人最常使用的訂房平台，由於 Airbnb 是任何人都可以申請做房東，好處是較有機會和在地人接觸、聊天、交朋友，另外，由於 Airbnb 在預訂時就會刷卡扣款，在現金不足的情形下很適合用來訂房。按照我的經驗，有些地區（例如北歐）使用 Airbnb 會比 Booking.com

等其他平台的住宿價格便宜許多，上一次跟寶媽及 Becky 三個女人的慢旅行，我們就在法國及義大利用很便宜的價格訂到很有特色的農莊、酒莊和豪華百年城堡，一個晚上每個人只要分攤 2、3 千元，是不喜歡住商務飯店而喜歡特色民宿的旅行者最好的訂房選擇之一！但 Airbnb 也有一些壞處，例如 check-in 通常沒有民宿或飯店那樣便利，建議預定住宿時要跟房東確認好到現場如何辦理 check-in。

❽Couchsurfing

對預算有限的省錢旅行者來說，Couchsurfing 是一個非常吸引人的網站，因為你不用出一分錢就能在別人家住宿。不過住宿不一定是一張床，可能是沙發甚至地板。旅行者要在 Couchsurfing 的網站上尋找合適的房主，並向對方提供自己的基本資料和旅遊行程計畫；至於要不要讓你在他家當沙發客，最終決定權都是在每個房主手上。

❾WiFi Finder

這個年代的生活無法沒有網絡，尤其是在旅遊的時候，查看地圖、搜尋交通路線、找景點資料，通常都需要隨時上網。如果不想花額外的錢買 sim 卡或租借 Wi-Fi 機，這時就要善用 WiFi Finder，這個 App 會告訴你旅行途中哪裡有免費 Wi-Fi 可以使用。

⑩Funliday

這是一個行程安排規劃 App，可依據旅行天數來設定，將想要的景點放進去，若要更改行程也可以直接拖拉移動，而且同行的旅伴如果想一起規劃行程也能共同編輯。這款 App 同時也有地圖模式，可以時時掌握地理位置。

同場加映：
其他環遊世界好用的旅遊網站或 App

❶ 易飛網（ezfly.com）

身為台灣第一家網路旅行社，易飛網也是一家上櫃的網路旅行社，擁有 20 年歷史，擁有超過 200 萬會員，是非常值得信賴的旅遊網站！不但出國前可以上去搜尋便宜機票，最特別的是易飛網的廉航訂票平台，集結國內外最多的廉航機票，並有 AI 人工智慧比價功能，可以自動配好來回程最好的航班及最優惠的價格。另外還有全年無休的貼心客服服務，出國在外不用擔心在國外平台買了機票卻找不到客服或擔心語言不通，不管是自由行或團體行程的選擇都十分多元，是你環遊世界最貼心的夥伴！

❷FunNow App

提供旅行玩家探索身邊即時娛樂與生活中優質體驗的享樂平

台，如果在旅行時想要來點好玩新鮮的，App 裡有各種休閒娛樂、晚鳥住宿、休息、按摩、餐酒酒吧、美甲美睫……等頂級禮遇，都可以透過 FunNow 即時預訂！

❸KKday

KKday 是一個提供旅遊體驗行程的線上平台，目前搜集的全球旅遊行程與體驗超過上萬種，遍布全球 80 個國家、500 個城市。如果擔心行程中發生任何問題，只要連上網路便可用 KKday App 與中文客服 24 小時即時通訊，不用著急地撥打越洋電話。

環遊世界前的 5 大美麗準備

　　旅行是一段與自己獨處的時光，其浪漫與艱辛，總能讓人找到自己。

　　旅行令人深深著迷，除了一路上所遇所見所聞都能為內心帶來啟發與改變，那是一種源自於身心靈，能真切感受到自我內心成長與蛻變的過程。

　　環遊世界到處旅行的時候，美麗的照顧也特別重要，不管是搭乘飛機、火車、巴士、輪船或其他交通工具，或是待

在飯店或旅館房間，通常必須長時間待在冷氣空調的環境裡，因此皮膚十分容易缺乏水分，加上各國時差的問題，會對皮膚產生沉重的負擔。旅行中最需要閃亮亮地出場，以下幾項美麗準備，讓各位美人兒在旅行時，身心靈都處於最佳狀態。

❶ 超保濕面膜

要能夠美美的上鏡頭拍出網美照片，重要的美麗法寶就是超好用的面膜！上飛機或是旅程開始的前一晚，建議先敷保濕面膜，接著在臉部與身體皮膚塗抹特別滋潤的強效補水保濕乳液，可以有效預防長時間待在空調環境中造成的皮膚乾燥與缺水。

 Dr.Selena 的美麗最愛

> 時間寵愛的黑雲杉保濕永恆生物纖維面膜及極潤橙萃滋養美白面膜，都是我在旅行時愛用的保養聖品！
>
> 時間寵愛：https://www.cabuty.com/

❷ 百搭洋裝

環遊世界時最難的就是服裝的準備，2018 年我環遊世界

因為長達 60 天，一路從酷熱的埃及到酷寒的冰島，溫差高達 4 ～ 50 度，所以服裝的準備如何齊全、充足又兼顧美感，就是一個高深的智慧了！

通常旅行的時候比較建議洋蔥式穿法，可以一件一件脫下來或一件一件加上去，我個人的行李箱裡一定有一件百搭洋裝加上萬用罩衫，再配上娃娃鞋或者飾品，可俏皮可愛也可氣質優雅，所以旅行中一件式的洋裝可以省去許多穿搭的煩惱。

記住，裝進行李箱裡的最好是能夠百搭的單品，最好穿起來有某種程度的舒適度，數量則比足夠換洗再多個 2 ～ 3 件以備不時之需，千萬不要把整座衣櫥都帶上路。

另外不妨再多選幾條圍巾，尤其是冬天去旅行時，圍巾是非常實用的，一方面可以幫助抵禦低溫，又能突顯時尚感，就算衣服不變，只要變換圍巾，每天都有不同的造型。

 Dr.Selena 的美麗最愛

通常旅行的時候我喜歡穿漂亮又夢幻的公主風洋裝，很多粉絲喜歡我的洋裝，OB 嚴選、露比午茶、So Nice，都是我常買的服飾網站，也是我環遊世界時美麗穿搭的最愛！

OB 嚴選：https://www.obdesign.com.tw/
露比午茶：https://www.rubys.com.tw/
So Nice：http://www.so-nice.com.tw/

❸ 輕巧的包包

可以提前在家演練一下，預備帶去旅行的衣服配哪個包好看，記住，一趟旅行差不多帶兩、三個包就夠了，千萬別貪心地把所有名牌包都放進行李箱，以免行李超重。

 Dr.Selena 的美麗最愛

> CIPU 喜鋪有好多好用輕巧又可愛的包包，我旅行的時候都會帶著他們家的包！
>
> CIPU 喜鋪：https://cipu.com.tw/

❹ 一雙好穿好走好看的鞋子

旅行中常會走很多的路，所以穿一雙好穿好走好看的鞋子是非常重要的。準備鞋子的時候，可以盡量選擇平底而且舒適的鞋款，並且試穿看看哪些款式穿在腳上漂亮又舒適，也不會影響自己拍照的心情。最好多帶一雙防水又防寒的鞋子，以防旅行在外遇到天候不佳的情況。

 Dr.Selena 的美麗最愛

> 原創設計女鞋品牌 bonbons 是我個人非常喜愛的鞋子品牌，

他們家休閒輕巧又時髦好穿，陪伴我走遍世界各地，是我旅行時的好夥伴！

Bobons：https://bonbons.com.tw/

❺ 時尚配件

最後一個是配飾，首先墨鏡是旅行美美必備法寶，不僅會讓整個人有型，而且還可以抵擋旅行中的燦爛陽光，因此，挑選一支適合自己臉型的旅行用太陽眼鏡，在美麗時尚的同時也做好 UV 防護。另外妳還需要漂亮的耳環或帽子這種不會占用行李箱太多空間的配件，想要小清新一點，就戴一頂漁夫帽；想要可愛又甜美，就戴上大草帽；想要溫柔飄逸風，就選擇花色髮帶。

還有到哪都要塗上美美的指甲油喔！小小 Petit 是女孩從 3 歲可以一路用到結婚生子的指甲油品牌，出國旅行時帶著幾罐小小 Petit，讓指尖飛揚著繽紛的色彩，和閃閃亮亮的美甲一起入鏡吧！

 Dr.Selena 的美麗最愛

Vacanza：https://www.vacanza.com.tw/
小小 petit 無毒指甲油（部落客凱莉哥自創品牌）：https://www.petit.com.tw/

玩藝 0088

月入 23K 也能環遊世界
Dr. Selena 超強投資理財術，
教你每年獲利 30%、35 歲走遍全世界

作　　者—Dr.Selena 楊倩琳博士
封面設計—季曉彤
內頁設計—楊雅屏
主　　編—汪婷婷
責任編輯—施穎芳
責任企劃—汪婷婷

總 編 輯—周湘琦
董 事 長—趙政岷
出 版 者—時報文化出版企業股份有限公司
　　　　　10803 台北市和平西路三段二四○號二樓
　　　　　發行專線　（02）2306-6842
　　　　　讀者服務專線　0800-231-705、（02）2304-7103
　　　　　讀者服務傳真　（02）2304-6858
　　　　　郵撥　1934-4724 時報文化出版公司
　　　　　信箱　10899 臺北華江橋郵局第 99 信箱
時報悅讀網— http://www.readingtimes.com.tw
電子郵件信箱— books@readingtimes.com.tw
時報出版風格線臉書— https://www.facebook.com/bookstyle2014
法律顧問—理律法律事務所　陳長文律師、李念祖律師
印　　刷—詠豐印刷股份有限公司
初版一刷— 2019 年 12 月 6 日
定　　價—新台幣 380 元
特別感謝—日盛銀行

月入 23K 也能環遊世界 : Dr. Selena 超強投資理財術，教你每年獲利 30%、35 歲走遍全世界 / 楊倩琳著 . -- 初版 . -- 臺北市 : 時報文化 , 2019.12
面；　公分 . -- (玩藝 ; 88)
ISBN 978-957-13-8042-1(平裝)

1. 理財 2. 投資

563.5　　　　　　　　　　　　108019840

愛要及時夢想也要及時

Dr.Selena ✕ 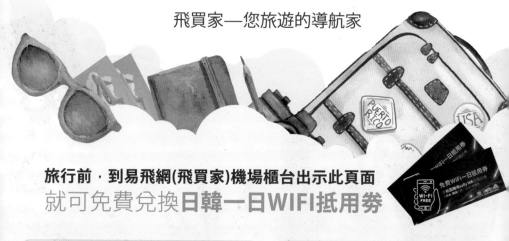 ezfly Hifi 一起夢想成真
飛買家／易飛網國際旅遊集團

飛買家—您旅遊的導航家

旅行前，到易飛網(飛買家)機場櫃台出示此頁面
就可免費兌換**日韓一日WIFI抵用券**

桃園機場第一航廈 三樓出境櫃台
Taoyuan Airport(TPE)Terminal 1 Departure Hall-3F

出境證照查驗大廳
Immigration

翰林茶館

出境大廳3F

上手扶梯至3F

桃園機場第二航廈 三樓出境大廳
Taoyuan Airport(TPE)Terminal 2 Departure Hall-3F

出境證照查驗大廳
Immigration

6 7　8 9

航空公司報到9號櫃台(台灣銀行旁)
出境大廳Departure Hall

台灣銀行｜自助報到｜保險櫃檯｜自助報到

易飛集團桃園機場與你相見!

飛買家在第一、第二航廈，共營運6個櫃台，同時在桃捷也有2個櫃台服務海內外旅客。
易飛集團擁有桃園機場最多櫃台、且櫃位分布最齊全的旅行社!
機場櫃台提供wifi、sim卡服務，也整合桃捷、高鐵旅遊票券，多項通訊與交通旅遊商品。

注意事項

❶ 數量有限，送完為止，此活動不可與其他優惠活動合併使用。

❷ 此抵用券憑正本辦理產品兌換，若有遺失、被竊或毀損將無法補發或補償，亦不得兌換現金、不得轉售，遺失不予補發或補償、無法找零。限單次使用完畢，如產品金額超出此可折抵金額，則超出金額須由抵用人自行負擔。

❸ 此抵用券不得任意塗改、加工、印刷複製等，以違反法令。

❹ 易飛網國際股份有限公司保留取消、終止、修改或暫停本活動之權利，並保有最終釋義權，活動如有變更或修改，則依網站公告為主，不再另行通知。

旅行是世界上最美好的幸福

Dr.Selena × **ezfly** 易飛網 帶你易起旅行一起飛

Dr . Selena楊倩琳博士讀者專屬「旅遊基金」
購買**易飛網旅遊行程**可享**500元折扣**

500 SALE

掃描QRcode
讓旅行啓程

LINE@

FB

官網

易飛是你環遊世界的最貼心夥伴

身為**台灣第一的網路旅行社『易飛網』**，也是台灣上櫃的網路旅行社，推出廉價航空訂購平台，不但可**一站選買不同廉航、來回自由混搭一次搞定**，還有**全年無休的貼心客服務**，讓你出國在外都安心。

近年易飛提供優質國內外旅遊、自由行產品服務旅客，再透過旗下集團多角化的經營，提供完整一條龍的旅遊服務，是**你環遊世界最貼心的好夥伴！**

注意事項

- 此優惠限指定商品，數量有限，送完為止，此活動不適用同業客戶及企業優惠，亦不可與其他優惠活動合併使用。
- 報名時請告知客服使用此優惠，經確認後方可折抵 500 元，每一訂單限折抵乙次，一經確認發出行程並交付易飛網旅遊專案窗口後，恕無法任意更換或退費。
- 本優惠恕無法抵用機票、護照代辦費、簽證費、領隊小費、自費行程及票券商品等。
- 易飛網國際旅行社股份有限公司保留取消、終止、修改或暫停本活動之權利，並保有最終釋義權，活動如有變更或修改，則依網站公告為主，不再另行通知。